壁画故事

手机扫一扫，看视频、听音频

视频

莫高窟

飞越敦煌

一事一生，一人一窟
赵声良

一事一生，一人一窟
苏伯民

一事一生，一人一窟
王惠民

一事一生，一人一窟
赵晓星

音频

《壁画故事》
全书朗读

2021年主题出版重点出版物

写给青少年的

敦煌故事

敦煌研究院 编　赵声良 主编

壁画故事

赵晓星　张博 著

读者出版传媒股份有限公司
甘肃教育出版社

图书在版编目（CIP）数据

写给青少年的敦煌故事. 壁画故事 / 敦煌研究院编 ; 赵声良主编 ; 赵晓星，张博著. -- 兰州 : 甘肃教育出版社，2021.12
ISBN 978-7-5423-5327-6

Ⅰ. ①写… Ⅱ. ①敦… ②赵… ③赵… ④张… Ⅲ. ①敦煌学—青少年读物 Ⅳ. ①K870.6-49

中国版本图书馆CIP数据核字（2021）第277031号

写给青少年的敦煌故事 壁画故事
敦煌研究院 编 赵声良 主编 赵晓星 张博 著

策　　划　王光辉　薛英昭　孙宝岩
项目负责　伏文东　王露莹　何佩佩
责任编辑　吴洁琼
装帧设计　石　璞　雷们起　张小乐
视频支持　敦煌研究院　敦煌市融媒体中心
图片支持　敦煌研究院
音频支持　甘肃飞天电子音像出版社

出　版　甘肃教育出版社
社　址　兰州市读者大道568号　730030
网　址　www.gseph.cn　E-mail　gseph@duzhe.cn
电　话　0931-8436489（编辑部）　0931-8773056（发行部）
传　真　0931-8435009
淘宝官方旗舰店　http://shop111038270.taobao.com

发　行　甘肃教育出版社　印　刷　山东新华印务有限公司
开　本　787毫米×1092毫米　1/16　印　张　12　字　数　112.8千
版　次　2021年12月第1版
印　次　2021年12月第1次印刷
书　号　ISBN 978-7-5423-5327-6　定　价　58.00元

图书若有破损、缺页可随时与印厂联系：0531-82079130

总序

敦煌石窟包括莫高窟、榆林窟、西千佛洞等，共800多个洞窟，其中有5万多平方米的壁画和2000多身彩塑。1900年在莫高窟的藏经洞出土了6万多件古代珍贵文献和艺术品。这些无限丰富的文物，构成了敦煌文化的主体。

那么敦煌文化到底有什么价值和意义呢？习近平总书记在敦煌研究院座谈时指出，敦煌文化是各种文明长期交流融汇的结晶。敦煌文化展示了中华民族的文化自信。

敦煌作为中国古代通向西域的重要门户，中华文明同来自古印度、古希腊、古波斯等不同国家和地区的思想、宗教、艺术、文化在这里汇聚交融。敦煌文化就是中外文化交流的结晶，它见证了中华民族和丝绸之路沿线的各国各民族共同推动人类文明向前发展的历史。敦煌文化还体现了中国文化的包容性，包括对宗教的包容、民族文化的包容、审美价值取向的包容。这种包容性使敦煌文化具有世界性。

100多年前，敦煌藏经洞文物流失海外，引起了各国学者对这些文献的研究，形成了世界性的学科——敦煌学。经过100多年的发展，今天，世界上已有20多个国家的学者在进行敦煌学和相关领域的研究，敦煌学成为中外学者相互交流的重要内容。我国的敦煌学研究曾经历了曲折的阶段，从最初“敦煌在中国，研究在国外”的状况发展到了今天学术研究走在世界前列。特别是改革开放以来，中国的学者对敦煌文化各个领域都进行了深入研究，推出了越来越多的研究成果，极大地促进了相关科研、教育及文化建设的发展。今天我们正处在中华文化振兴和繁荣的大时代，挖掘并传播弘扬优秀传统文化，是我们研究者义不容辞的责任。

文化是需要传承的。我们要将敦煌文化广为传播，让全社会都了解敦煌，并从敦煌文化中获得中华优秀传统文化的滋养，从而更好地弘扬传统文化，树立文化自信。青少年是祖国的未来，让我国的青少年从小就学习、了解敦煌文化的真髓，有利于他们正确把握我国优秀传统文化的精神。本套丛书就是希望通过青少年喜闻乐见的方式，以适合青少年年龄特征和阅读习惯的文字，深入浅出地把敦煌文化传递给他们。希望越来越多的青少年朋友们通过这套丛书了解敦煌文化、热爱敦煌文化，并从中获得丰富的知识和灵感，提高自身的文化艺术素养。

赵声良

2021年12月

目录

引言

引言

1600多年前的前秦建元二年（366），一个叫乐僔的和尚在宕泉河畔鸣沙山的断崖上开凿了莫高窟第一个洞窟。此后，经过北凉至元代十一个朝代的先后营建，敦煌莫高窟成为举世无双的人类文化遗产。莫高窟现存735个洞窟，45000平方米壁画，被誉为“沙漠中的美术馆”“全世界最大的画廊”。

在没有文字的时代，先民们常常在岩石上刻画图形记录生活。即使在文字产生之后，图画因其直观性也比文字更有感染力。我们幼年牙牙学语时，就已经会被那些绚丽的画面吸引住。当我们成年时，也仍会在某一刻被一幅画深深打动。虽然，敦煌莫高窟是一座佛教石窟，但敦煌壁画所表达的内容早已超出佛教艺术的范围。在没有手机、相机、摄像机的中国古代，这些壁画用图像的形式记录着丝绸之路上1600多年的风土人情。

壁画里的那些生动有趣的故事，与其说是来自印度的佛教故事，更像是隐藏在壁画中的一段段历史。透过这些故事，我们既可以了解古代印度的历史与社会，更可以看到中国古人坚持的正义与善良的信念。最终，这些外来的故事，经过我们古人的演绎，成为传递善良、公正、孝亲、智慧精神的载体，那些正能量被融入了中华民族的血液，并成为中华优秀传统文化不可或缺的一部分。这些经过1600多年传承的民族精神，至今仍有积极意义并将继续代代相传。

尸毗王保护小鸽子

过去，有一位国王名叫尸毗，他非常善良，经常去帮助别人。有两个天神，帝释天和毗首羯摩想要试探他，看他是不是真的能舍己为人。这天，帝释天变成一只老鹰，毗首羯摩变成一只小鸽子。小鸽子慌张地在空中飞行，不断躲避着老鹰。它看到尸毗王，嗖的一下钻进他怀里，想要寻求保护。

尸毗王对瑟瑟发抖的小鸽子说："不要怕，我会保护你的。"这时，老鹰对尸毗王说："你可以保护它，但我是要吃肉的，我吃不到肉就会饿死。谁的生命都可贵，你要做善事，总不能保护一条生命饿死另一条生命吧！"尸毗王觉得老鹰说得有道理，他说："好吧，既然我要救小鸽子的命，的确又不能饿死你，那就用我身上的肉来喂你吧。"尸毗王叫来仆人，拿刀开始割自己的肉。为了公平，又叫另外一个仆人取来一杆大秤，秤的一头站着那只可怜的小鸽子，另外一头放着尸毗王的肉。但是割了很久，秤杆还是倒向鸽子那一边，尸毗王的肉始终都不如鸽子重。尸毗王身上的伤口越来越多，全身剐得只剩下骨头了。

莫高窟第85窟　主室窟顶东披　尸毗王割肉贸鸽　晚唐

这时仆人已经无法下手，亲属们都在一旁哭泣着对尸毗王说："大王，别割了，您怎么忍心这样对待自己！"

尸毗王平静地说："生命都是平等的，用自己的这些血肉，去拯救另外一条性命，这是值得的。"他已经没了力气，看着一直无法平衡的大秤，摇摇晃晃挣扎着坐上放肉的秤盘。这下，大秤终于平衡了，小小的鸽子竟然跟尸毗王一样重！尸毗王愿意用自己的生命，来换取小鸽子的性命。老鹰和鸽子忽然显现出天神的样貌，两位天神被他的真诚感动，他们由衷地敬佩尸毗王。帝释天对尸毗王说："你愿意牺牲自己的生命，去救助一个弱小的生命，你真的很了不起！我感受到了你的善良与坚定，现在我就让你的身体恢复原样。"话音未落，尸毗王流血的身体立刻好了，他还像从前那样健康，看不出一点儿伤口。大家悬着的心都放下了，世界又充满了阳光。

敦煌莫高窟现存尸毗王故事画共8例，分别位于北凉第275窟，北魏第254窟，隋代第302窟，晚唐第85窟，五代第98、108、72窟，北宋第55窟。其中，前两幅为这一题材的代表作品。莫高窟第275窟的尸毗王故事画为单幅式，包括割肉和称重两个情节。画面左侧，国王右手握绿色的鸽子，一人正在割国王腿上的肉；右侧一人提一杆大秤，秤的一头是小小的鸽子，另一头是双手合十而坐的国王。人物表情刻画得很有特点，操刀取肉者的凶狠，尸毗王的平静大度，形成了强烈的对比。

莫高窟第254窟北壁前部的尸毗王故事画亦为单幅式，但无论构图、人物还是绘画水平都比前者更高。全图中央为侧身而坐的尸毗王，

莫高窟第275窟　主室北壁　尸毗王割肉贸鸽　北凉

莫高窟第254窟　主室北壁　尸毗王割肉贸鸽　北魏

他的左腿膝盖前为操刀割肉的仆人，仆人右手正握着前来求救的小鸽子。其他的故事情节分布于主人公尸毗王的四周，右上角为老鹰追逐鸽子，右下角为一人正在称量鸽子和尸毗王的重量，左下角为尸毗王的后妃抱膝哭泣，左上角为天人眷属赞叹。

这幅壁画在构图方面，特别突出了割肉这一情节，使画面主题容易识别，也凸显了尸毗王的自我牺牲精神。在叙事方式上，将发生在不同时间的情节协调统一地组织在一幅画面之中，以居中端坐的尸毗王形象表现救鸽、割肉、复原等多个情节，既突出了主题，又丰富了内容。同时，在人物造型、服饰装束方面，与第275窟一样，明显受到了西域画风的影响，但人物的描绘比前者更为细腻生动，表现出北魏精湛的绘画艺术水平。

萨埵王子救饿虎

从前，大宝国安定富强，也没有什么敌人。国王有三个儿子，他们品德高尚，闻名于世。其中最小的儿子名叫摩诃萨埵，人的名字往往就预示着人的一生，摩诃萨埵是“大菩萨”的意思，小王子有着像菩萨一样爱护生命的慈悲心肠。一天，三位王子辞别父母，相约去山中打猎。三王子萨埵感到了强烈的不安，好像这天要发生一些不平常的事。果然，他在山林中遇到一只母虎，由于生下七只小虎崽已经七天了，虎妈妈生崽体力透支，无法外出觅食，身体瘦弱，没有奶水，七只小虎嗷嗷待哺。虎妈妈实在太饿了，它流露出残忍无助的目光，甚至想将可怜的虎崽们吃掉。

萨埵见状，心中生出怜悯之情。唉，真是太可怜了，可又能怎么办呢？老虎必须吃肉才能生存啊！他看着眼前的八条生命，暗自下了决心。萨埵对自己的两位哥哥说：“大哥、二哥，你们先往前走，我去方便一下，稍后就来。”将二位兄长支走后，他只身来到山间，卧在母虎面前，将自己的手臂递到母虎嘴边，想让母虎吃自己的肉补充

莫高窟第254窟　主室南壁　萨埵王子舍身饲虎　北魏

体力，好喂养小虎。但此时的母虎已经饿得奄奄一息，只能发出低沉的哀鸣，竟没有力气上前啃食。虎崽们拱在妈妈的怀中，想寻找乳汁却一无所获。

萨埵心中鼓起了更大的勇气，他不能就这样看着八条生命活活饿死。只见他爬上山冈，找到一根锋利的木头刺破了自己的喉咙，一时间鲜血直流。萨埵望向王宫的方向，在内心深处对自己的父母说："感谢你们养育我，但我今天要拯救弱小的生命，希望爸爸妈妈理解我！”他深吸一口气，从容地跳下山崖。萨埵摔得满身鲜血，他艰难地爬向母虎。母虎闻到血腥的味道，先是用舌头舔食萨埵的血，慢慢恢复了力气，与小虎们一起吃掉了萨埵身上的肉。

哥哥们走着走着，很久也不见弟弟赶上来，开始担心起来。想到刚才碰到的那几只快饿死的老虎，又想到弟弟那样善良，心中突然感到不安。两位哥哥骑马飞速折返，一路大声呼喊，可根本没人回应。他们更加害怕，沿路寻找，终于发现了萨埵的尸骨。“亲弟弟啊！”两个哥哥在萨埵遗骸周围失声痛哭，哭了一会儿，想起还在王宫等他们回家的父母，哥哥们骑马飞奔回宫。他们把萨埵舍身饲虎的消息禀告父母，两位老人听闻噩耗，几乎当场晕倒。一家人强忍着悲痛来到山中，看到地上残破的衣服下那熟悉的萨埵。母亲抱着萨埵的尸骨痛哭，坚强的父亲也在一旁暗自垂泪。老国王感叹道：“我的孩子，是这样的善良。这是他的选择，一生的选择！”父母和兄弟们收拾了萨埵的遗骸，为他在这里建起一座宝塔，以这样的方式来纪念自己的至亲，纪念他舍身饲虎的行为。

敦煌莫高窟现存的萨埵王子故事画，也就是大家通常说的舍身饲虎图共16例，分别见于北魏第254窟、北周第428、299、301窟，隋代第302、419、417窟，唐代第237、231、85、9窟，五代第146、98、108、72窟，宋代第55窟。其中，又以莫高窟第254窟和第428窟中的两幅舍身饲虎图最为著名。

莫高窟第254窟的舍身饲虎图位于主室南壁，画面由9个情节组成，即入山见饿虎、以身饲虎、利木刺身、投身跳崖、再次饲虎、虎啖萨埵、找见残骸、抱尸痛哭和起塔供养。画面构图巧妙，在一幅画中将不同时间和空间的情节交织在一起，体现了主题鲜明又富于变化的特点。其中，用萨埵卧于虎前和饿虎围食来表现两次饲虎和饿虎啖食三个情节，既节省了有限的空间又无碍观瞻，又使萨埵的自我牺牲精神更为突出。壁画中，王后抱着小儿子萨埵的尸骨，犹如怀抱着一个静静沉睡的孩童，整个画面透着一种宁静的悲伤气氛。这是一个震撼人心的场景，满头白发的母亲，下垂的眼角隐含着浓重的哀伤之情，眼神迷茫而痛惜，仿佛想起了自己和孩子的种种过往。母亲的脸颊轻轻地靠在萨埵的头边，似乎

莫高窟第254窟　主室南壁　舍身饲虎之王后与萨埵　北魏

生怕吵醒这个熟睡中的孩子。在人物形象上，没有绘出被饿虎啖食后恐怖的尸体残骸，相反以衣饰完整的、熟睡状的萨埵来表现，冲淡了残忍、悲凉的气氛，渲染了人物灵魂的高尚平静。

莫高窟第428窟　主室东壁　萨埵王子舍身饲虎　北周

莫高窟第428窟的舍身饲虎图位于主室东壁门南，画面由12个情节组成，即三兄弟辞别父母、兄弟三人骑马出游、在山中打靶游戏、三人歇马交谈、继续骑马前行、三人遇到母虎和小虎、二位兄长被支走、萨埵躺在老虎面前、萨埵刺喉跳崖和老虎们舔食萨埵、二兄长返回找见白骨和为萨埵起塔、二兄长骑马回宫、向国王报信。所起之塔，在第11个画面当中，即骷髅的上方，有两人向塔礼拜。与第254窟的单幅式构图不同，第428窟这幅画采用从右向左“之”字形连环画的形式。较之第254窟，这种形式更容易清楚地叙述故事情节。画中以山峦作为各情节的间隔，使画面富于变化，也增强了壁画的真实感，同时将整个故事表现得更为完整。

慷慨的须达拏太子

叶波国的太子名叫须达拏，他从小聪明伶俐，16岁就擅长书写计算、骑马射箭，还通晓各种典籍礼仪。须达拏太子又懂得孝顺父母，国王湿波很欣赏这个儿子，给他盖了一座单独的宫殿。最重要的是，太子自幼非常慷慨，经常布施财物给老百姓，甚至还救助各种动物。这样心地善良的太子，叶波国民人人称赞。须达拏太子到了成婚的年龄，娶了相貌端正的曼坻公主。他们夫妻恩爱，育有一儿一女，生活美满幸福。

太子一直把造福百姓作为自己的人生目标。这一天，太子想出宫游历，父王湿波欣然允许。帝释天为了考验太子，故意变成穷人、病人、盲人和聋哑人出现在太子经过的路旁。太子看到这些人心中不忍，回到王宫就发起愁来。国王看到太子一脸不高兴，关切地问他怎么了。太子说：“我在路上看到很多贫穷困苦的人，很替他们的生活发愁。父王您可不可以答应我一个请求，用您的金银财宝去救助有需要的人。”国王深知自己的儿子慷慨好施的性格，也欣慰于太子懂得体恤贫困，就毫不犹豫地答应了。太子把珍宝放在四个城门口和闹市中，任有需要的人随意取用，一下子各地都知道了太子的仁德！很多人从百里之外、千里之外甚至万里之外赶来，缺衣少食的穷人有了食物和衣服，连想要金银的人也可以随意取用，大家的愿望都得到了满足。

叶波国的敌国得知须达拏太子如此乐善好施，就打起了坏主意。敌国的国王跟属下说："叶波国有一头大白象叫须檀延，它力大无穷，作战时无往不胜。你们谁能给我把这头大象要来？"大臣们都说："我们要不来！"有八个婆罗门（古印度婆罗门教的修行者）却说："我们去要！"国王当即许诺："能带回大白象的人，必有重赏！"

众婆罗门一路远行，来到叶波国太子门前时，都扶着拐杖翘起一只脚，面对着门站立。守门人看到他们，赶紧向太子报告。太子知道有修行人前来，很礼貌地迎接，问道："听说师父们远道而来，修行很辛苦吧？请问有什么需要帮助的呢？"婆罗门们七嘴八舌地说道："我们听说太子乐善好施，从来不拒绝别人。现在全天下都赞扬太子随愿布施的善行，人人都说太子是真诚满足大家的愿望，没有半点虚假！果真这样，我们想向您讨要一头大象。"太子把他们带到象舍中，让他们骑一头象走。这时，八个婆罗门异口同声地说："我们要的是白象须檀延！"太子说："这白象是我父王最爱之物，父亲爱惜它像爱护我一样。如果今天把它送给你们，父王一定会把我赶出叶波国！"可转念一想，如果不把须檀延交给他们，又违背了自己满足众生的初心。太子接着说："好，就把须檀延送给你们。"太子让仆人把披着金鞍的大白象牵来交到婆罗门手上。众婆罗门嘴里说着好听的话祝福太子，一起骑在大白象背上欢呼着离开了。

莫高窟第428窟　主室东壁　须达拏太子故事之婆罗门骑象而去　北周

叶波国的大臣们知道太子把象王须檀延给了敌国，都大惊失色。纷纷跑去禀告国王湿波：“咱们国就靠象王须檀延制服敌国，现在太子却把这头宝象送给了敌人！”国王听到这个消息，一时间气得说不出话来。大臣继续说道：“大王您现在之所以拥有天下，全靠这头白象英勇善战，一头顶得上十六头普通的战象。太子竟然把这头宝象给了敌国，完全置我们国家的安危于不顾！太子这样随意布施，国库一天天空虚。再这样下去，早晚有一天能把全国上下、包括他的妻子儿女统统送人。”国王湿波听到这些话，简直不敢相信太子竟然如此糊涂。

国王湿波问大臣们，太子犯下这种大错要如何惩治？大臣们都要求严厉处置——有人说进入这只大象的象舍就要被断脚，牵这只象出来就应被断手，甚至有人说罪当斩首！国王听了心中不忍，说太子从小慷慨大方，也是自己没有约束好儿子。这时一位大臣站出来说，国王只有这一个儿子，怎么能用那些断手断足的酷刑，还是把太子流放到国外，让他到山野生活十二年认真悔过。就这样，最终给太子判了流放到檀特山十二年的处罚。

莫高窟第428窟　主室东壁　须达拏太子故事之赴檀特山前最后施舍　北周

临行前，须达拏太子把所有的个人财产施舍了七日。太子妃曼坻公主得知太子被放逐的原因后，不仅没有生气反而安慰他：“太子，你的布施使百姓都富裕了，黎民百姓都很快乐。我没什么可抱怨的，我愿意跟你到山中去寻找人生的理想。”太子惭愧地说：“深山是很恐怖的，会碰到各种困难，还有猛兽出没。你在宫中长大，穿的都是轻薄柔软的衣服，住在幔帐里，吃的都是可口的美味。我现在带你去就得睡草席，吃野果，怎么能给你带来快乐？又有那么多风雨雷电，夏天酷热冬天严寒，树木之间都没有可以依存的地方，到处都是荆棘、砾石、毒虫，你怎么能受得了？”公主说没什么受不了的，她愿意跟太子一起承受一切。太子说 :“你知道我发誓布施一切，要是有人向我讨要孩子，我也不能不给。到时你能答应吗？”公主说 :“我从来没见过像你这样善良的人，将来也一切都听你的。”

成百上千的受过须达拏太子恩惠的人们，站在路旁目送太子一家离开。天边两只情绵雁，地上一双苦行人。两人跪拜父母，带着两个孩子，驾着一辆车向着远方出发了。走了很远的路，须达拏太子一家正坐在树下休息，有一个婆罗门来要拉车的马，须达拏太子把马给了婆罗门。太子让两个孩子坐在车上，自己拉车。走着走着，又遇到一

莫高窟第428窟　主室东壁　须达拏太子故事之婆罗门求车、求衣　北周

个婆罗门讨要这辆车，太子把车也给了出去。之后又遇到婆罗门来乞求钱财衣服，太子把所有的钱财、全家的衣服都给了出去。即使这样，他也没有感到后悔，初心依旧。一家人和颜悦色，夫妻俩颈负儿女，高高兴兴地继续往前走。

檀特山离叶波国有3000多千米，他们行走多日又累又饿。这时爱考验人的帝释天又出现了，他在空旷的山野中变出了一座繁华的城市。从城中走出一人来迎接太子，劝说太子留在这座城中饮食娱乐，让他放弃前行。太子妃问太子："咱们路走得这么急，能不能在这里歇歇脚？"太子说："父王让我们去檀特山，在这里停留就违背了他的命令，当儿子的不能这么做。"太子说着继续带领全家前行，回头一看城市忽然消失了。他们终于来到檀特山前，但却被一条大河拦住去路。太子心中祈祷，忽然出现一座大山像堤坝一样将水拦在一边，太子夫妇赶紧撩起衣服驮着孩子过了河。到了对岸，太子告诉大河可以恢复原样了，大山立刻消失，河水又重新绕山流淌起来。太子对大河说："以后如果有人来山中找我，你要像刚才那样拦住水放他们过来。"

檀特山中树木繁茂、百鸟和鸣、清泉淙淙，山中的鸟兽似乎通人性，都纷纷出来迎接太子。山中原来就有一名五百岁的隐士阿州陀，当他得知眼前出现的是如雷贯耳的须达拏太子后，他愉快地为太子指出适合搭建住处的地方。太子像阿州陀一样，住进草屋，编发结髻，吃野果喝泉水，当起了隐士。太子的儿子耶利7岁，穿着草编的衣服跟着父亲出入，女儿罽拏延6岁，穿着鹿皮衣跟着母亲忙碌。每天，曼坻公主都去采集野果，一双儿女快乐地跟鸟兽们玩耍。有一次，耶利骑到了狮子背上，狮子跳了起来，耶利从狮子背上掉下来擦伤了脸。一

莫高窟第428窟　主室东壁　须达拏太子故事之须达拏夫妇负子过城　北周

只猴子赶紧用树叶把耶利脸上的血擦掉，把他领到水边清洗伤口。太子远远看到这一幕，感叹动物们也像人一样有爱心。

当时拘留国有一名贫苦丑陋的婆罗门，这人到了40岁才娶到一个年轻漂亮的妻子。有一次，他的妻子去村头的井中打水，被村里的一群青年调戏嘲笑。妻子回来后哭哭啼啼地说："我去村头打水被人笑话，你要为我买个佣人，我就不用自己去打水了。要是不给我买佣人，我就死给你看！"这个婆罗门穷得要命，哪里买得起佣人。妻子告诉他，叶波国的须达拏太子乐善好施，听说被老国王罚去了檀特山，不如把他的儿女要过来当佣人。

婆罗门长途跋涉，终于到达檀特山。他先是碰到一位猎人，立刻向猎人打听须达拏太子在哪里。猎人知道就是因为给这些人布施，太子才被国王赶进山中。猎人把婆罗门绑到树上，气呼呼地骂道：“我真想把你杀了吃肉！你找太子又想要什么东西？”婆罗门心想：“我可不能死在他手里，赶紧扯句谎把命保住。”于是说道：“我来自叶波国，我们国王想念儿子，派我来把太子请回去。”猎人慌忙把婆罗门放下来，行礼赔罪说：“对不起，得罪了！太子就在那边。”

太子得知婆罗门远道而来，给他端来了瓜果和泉水。婆罗门大吃大喝之后，就向太子诉苦：“我是拘留国人，世人都说您最乐善好施，我实在太穷了，这次来也是有求于您。”太子说：“您也看到了，我现在一无所有，没什么能给您了。”婆罗门继续说：“如果您没有东西给我，那把您的两个小孩儿给我吧。我没有子女，将来让他们给我养老。”太子把在山中玩耍的两个孩子叫来，对他们说：“这位婆罗门年

莫高窟第428窟　主室东壁　须达拏太子故事之檀特山修行　北周

老无子，向我要你们两个，我已同意。”婆罗门担心太子反悔，太子却说：“我从出生以来一直信守诺言，从未后悔，请您放心。”两个孩子哭泣不止，久久不肯离去。婆罗门怕两个孩子不听话，把他们的手反绑在背后，自己一边牵着绳子一边鞭打，将他们强行带走。在山中采集野果的太子妃突然一阵心痛，便立刻跑回家查看。这时，帝释天为了达成太子的善行，便化作一头狮子挡在了道路中间，等到婆罗门带着孩子走远，狮子才让开了道路。回到家，孩子们已经不见了，太子妃伤心不已。

帝释天为了考验须达拏太子行善的决心，也变作一个丑陋的婆罗门向太子乞求，希望把太子妃送给他。帝释天牵着太子妃走了七步，太子竟然还没有悔意，感慨太子非常信守诺言，就变回了原形。帝释天问太子妃：“受了这么多苦，你有什么愿望？”太子妃说出三个愿望：一是希望婆罗门把两个孩子最后卖到叶波国，二是让两个孩子能吃饱穿暖不受苦，三是希望太子和她能早日回国。而太子的愿望是，希望众生有朝一日能摆脱生老病死之苦。帝释天爽快地承诺，一定满足他们的愿望，转眼就消失不见了。

这边拘留国的婆罗门带着两个小孩回到家中。他的妻子一看两个孩子这么幼小，一路走来，全身是伤，根本就不能干活。于是让婆罗门把这两个小孩拉到街上卖掉，换钱去买真正可以干活的佣人。帝释天故意把他们引到叶波国的市场，叶波国大臣和百姓都认出这是太子的孩子、国王的孙子，全国上下无不悲伤。大臣们问婆罗门，这孩子从哪里得来，婆罗门说是自己向须达拏太子讨来的。群情激奋，大家都想把王孙抢过来。这时，有一位长者说：“把孩子布施出去，是太子

莫高窟第419窟　主室窟顶　须达拏太子故事之婆罗门带走孩子　隋

的善行所至。我们这样硬抢会违背太子的心意，不如赶紧通知国王，大王肯定会把孩子们赎回来。”

国王湿波见到自己的孙子孙女，叫着孩子的名字想抱他们，两个孩子却边哭边躲。国王问婆罗门要多少钱？还没等婆罗门开口，小孙子答道：“男孩一千银钱，女孩两千银钱！”国王纳闷地问道：“人们历来重视儿子，怎么女孩比男孩还贵！”孙子说：“王宫里的那些宫女跟您无亲无故，她们都出身卑微，可只要您喜欢，她们就能锦衣玉食。您只有一个儿子，却把他赶进深山，一家人风餐露宿，您一点儿都不惦念，可见女贵男贱！”国王难过地说：“是我对不起你们，来，让爷爷抱抱！你是在生我的气吗，还是怕那个婆罗门？”孙子说：“我可不敢怪您，也不怕婆罗门。我过去是国王的孙子，现在是下贱的奴仆。哪有奴仆敢让国王抱的！”国王听了这些话更加伤心，赶紧让人拿钱交给婆罗门，祖孙三人抱在一起大哭起来。

国王问道："你们的父亲在山里头，吃什么东西，穿什么衣服？"孩子们说："吃野果野菜，穿粗布衣服，与鸟兽为伴，生活虽苦，却不怨恨。"国王要打发婆罗门走，孙子说："爷爷，这个人饿坏了，您先让他吃顿饭吧。"国王说："看你们身上的伤，这家伙没少打你们，你不记恨吗，为啥还要请他吃饭？"孙子说："我从小就看见父亲处处为他人着想，实在不忍心看这个人又饿又渴地站在这里。父亲舍得把我送给他，爷爷您又何必在乎给他一顿饭呢！"国王于是赐给婆罗门各种食物，婆罗门吃饱后欢欢喜喜地回家了。

国王派出使者到檀特山请太子回国，可太子说："国王让我在山中悔过十二年，现在还差一年，一年之后我会回去的。"使者将太子的话告诉国王，国王只好亲自写信给太子劝说他尽快回国。山中的鸟兽知道太子要离开了，都伤心地发出哀鸣。敌国听到太子在山中苦行十一年，终于得到宽释，马上给宝象须檀延装上金鞍银勒，送到途中归还太子。敌国使者向太子惭悔："我国之前向您讨要宝象，使您在山中受罚多年。现在我们把宝象还给您，请您宽恕我们的罪过。"太子却坚定地说："送出去的东西是不能再收回的，请你们把宝象带回去，并代我向你们的国王致谢。"敌国国王知道后深受感动，两国从此化解旧怨，成为和睦相处的友邦。太子回到国内，百姓一片欢腾。国王直接把国库交给太子，任由他继续布施救助百姓。

敦煌莫高窟现存须达拏太子故事画共有7例，分别见于北周第428、294窟，隋代第423、427、419窟，唐代第9窟，宋代第454窟。其中，以莫高窟第428窟和第419窟的两幅最为著名。第428窟东壁门北故事画从右向左按"之"字形发展，以山林建筑分割各个情节，成为一幅看得懂的连环画。画中太子施象时，婆罗门个个开心得手舞足蹈，之后一起骑着大象离开。太子在路上施舍时，从乘马车，到自己拉车，最后到两个孩子分别骑在太子与太子妃的脖子上，一起走向流放地。这些画面，都是常见的生活场景，让人感到十分亲切。

第419窟主室前部人字披顶东披整铺故事画完整连贯，共由53个场景组成。其表现形式为横卷式连环画，由并列的三段衔接而成，画面自上段南端开始，至北端转入中段，又至南端转入下段，呈“S”形走向。在构图上，画面主次分明，主要情节在画面上所占比例较大，且

莫高窟第428窟　主室东壁　须达拏太子故事　北周

位于主要位置，次要情节比例较小，分布于主要情节的四周。在设色方面，以青绿为主，背景随人物的活动而发生变化。虽有部分因年代久远而发生变色，但所变成的赭色却增添了画面的色彩情趣，为密体绘画之代表。在描绘手法上，无论是人物，还是屋宇、花石树木、飞

莫高窟第419窟　主室窟顶　须达拏太子故事画　隋

禽走兽，都十分工整细致、生动细腻，具有浓郁的生活气息，可以明显看出受到中原画风的影响。画中山林车马与第428窟接近，但人物衣饰已是隋代的流行服饰，太妃长裙高束腰，显得身材修长。

善事太子寻宝记

从前，有一位国王名叫宝铠，他不仅统治着自己的强大国家，还统领着五百个小国家。虽然宝铠王的后宫中有五百佳丽，但却没人为他生下一儿半女。宝铠王向日月、山海、草木各种神灵祈祷，一年又

一年，后宫还是没人怀孕。这可把宝铠王愁坏了，自己没有儿子，王位就没人继承，如此庞大的国家将来怎么办呢？如果有一天国王驾崩，天下必将大乱。为什么这么说呢？因为他领导的五百个小国王，谁都不服谁，要是没了他，一定会互相征战，到时百姓可就遭殃了。想到这里，宝铠王苦闷得都吃不下饭了。

有一位天神知道了宝铠王的烦恼，他进入国王的梦中，告诉国王城外的山林中有两位仙人。其中身体呈金色的仙人品德高尚、聪慧明理，宝铠王可以去请求他投胎到自己的后宫。国王听到天神的指示，笑着从梦中醒来。一分钟都不能耽搁，赶紧带上人马到城外寻找。好不容易找到金色仙人，先是跟仙人陈说自己老而无子，国家无人继承岌岌可危，然后向仙人苦苦哀求，请求仙人能够屈尊投胎，转生成他的儿子，将来继承大统。金色仙人见到宝铠王如此诚恳，不忍心拒绝，

莫高窟第296窟　主室窟顶　善事太子故事之宝铠王见仙人、相师占相　北周

便答应下来。这时，一同修行的银色仙人说，自己也会投胎到宝铠王家。两位仙人都答应将来做宝铠王的儿子，延续子嗣的问题终于有了眉目，宝铠王欢欢喜喜地谢过他们就回宫去了。

没多久，金色仙人就去世了。果然，王后苏摩很快就自觉有孕，而且还自信地说："我肚子里的是一位王子！"王宫内院听到这一消息，大家都喜出望外。国王专门命人为王后提供最好的饮食和生活，满足王后的一切需求。十个月后，王后果然生出男孩，这孩子相貌端正，国王越看越喜欢。国王召来相师，为儿子看相。相师上上下下一番审视后，高兴地拍手说道："王子相貌极好，人中少有，聪明有福，无人能及！"国王听后自然更加高兴，干脆请相师帮儿子起个名字。相师询问，自从王后怀上太子，有没有什么变化？宝铠王告诉相师，王后本来脾气不好，还爱嫉妒别人，可自从怀孕之后，整个人都变了，变得仁慈包容，还常常行善布施。相师说，这是孩子的性格影响到了母亲。"这孩子天性善良，我们就叫他善事吧！"

金色仙人去世后不久，银色仙人也离世了。宝铠王的贵妃弗巴很快也怀孕生下儿子，这位王子相貌与平常人一样，没有什么特殊之处。国王同样召来相师，相师看了看说，这是个普通孩子，生在王家也算是有福的。国王照例让相师帮忙取个名字，相师问起贵妃怀孕后的变化。国王说，贵妃本来温柔善良，但自从怀上孩子以后，变得冷言冷语、嫉贤妒能。相师说这也是孩子的性格影响到了母亲，二王子就叫恶事吧！

宝铠王偏爱善事太子，为他专门建了三座宫殿。冬季住温殿，春秋住中殿，夏季住凉殿。一年四季不仅住所舒适，还在里面安排歌舞

莫高窟第296窟　主室窟顶　善事太子故事之三时殿　北周

表演，提供娱乐节目。王子们逐渐长大，善事太子非常聪明，具有辩论的才华，学会了诸多典籍，还能够解释其中的意义。大臣们每次见到太子，也是交口称赞。太子对王宫外的世界充满好奇，宝铠王同意让太子出宫看看。善事太子乘着大白象，走在事先命人清扫干净的街道上，前后有众多随从浩荡出行。街道两旁，百姓们夹道观看，都说太子长得像天神一样俊美伟岸。

走着走着，善事太子看到一群乞丐，个个饿得皮包骨头，破衣烂衫，左手托着破碗，右手拄着木棍，低声下气地向人讨饭。他问身边的大臣，怎么会有这样的人呢？大臣说，他们有的没有父母孤苦无助，有的因为生病不能工作，为了生活不得不行乞。太子听了，心里很难过。继续前行，又看到屠夫在屠宰牲畜、切肉贩卖。他问屠夫为什么要做这行呢？屠夫说，他其实不喜欢这个工作，但是他家从祖父以来都以此为生，如果不干这个就不能养家糊口。太子叹着气离开，心中不免惆怅。

善事太子又来到农田边，看到农民锄地翻出很多小虫，小虫立刻

莫高窟第296窟　主室窟顶　善事太子故事之太子见世间疾苦　北周

被田里的青蛙吞食，青蛙又被一旁的蛇吃掉，最后飞来一只孔雀又把蛇给叼走了。农人告诉太子，他们的工作是翻地播种，这样才能收获粮食，养活自己并供给王室。太子感慨道：“人为了吃饭种地，翻地引出众生相残，自己天天劳作，也辛辛苦苦！”再往前走，太子看到猎人在捕捉飞鸟，地上安装的网中已捕获不少猎物，那些鸟儿惊慌鸣叫，却无法挣脱逃走。猎人也告诉太子，捕猎只是为了养活自己。走到河边，太子看到渔夫捕鱼，捕获的鱼被扔在岸上，无助地跳跃，然后慢慢死去。渔夫告诉他，也只有靠这些鱼才能够养活自己。

善事太子看到世间的各种困苦，每个人为了活命都不得不杀生害命。他回到王宫，一个人闷坐了很久。思来想去，他对父亲说：“请父王满足我一个愿望。”宝铠王说：“放心吧孩子，你所有想要的，我都可以满足。”太子说：“请父亲用王宫国库的钱，赈济那些贫穷可怜的人，满足他们的衣食所需。”宝铠王很是欣慰，觉得自己的儿子懂得体恤百姓。他立刻诏告天下，善事太子大行布施，国库宝藏任百姓取用。

这消息一传十、十传百，四面八方数不清的百姓来到王城，到太子设置的救助站求衣得衣、求食得食，甚至连金银宝物都可以得到。

没多久，国库的财宝就被取走了三分之二。主管国库的大臣急了，他向国王禀告国库财物迅速减少，再这样下去，哪天若有周边小国来朝贡，恐怕连回赐的礼物都拿不出来了！国王欣赏善事太子的这种决心，不忍心阻止他继续布施。国王想了个权宜之计，跟管库的大臣说，如果太子再来取就设法躲着不见，如果太子真的非常着急，就给他一两样宝物。此后，太子前来国库想取财物时，常常找不到管库大臣，就算找到了也常常被大臣找各种借口拒绝。次数多了，太子渐渐也感到了事有蹊跷。想来想去，区区一个管库的大臣，哪敢违抗太子的命令，不让他再取财物一定是父王的意思。不过太子向来明理，他心想自己作为孩子，不应该用光父母的积蓄，令家里变得一无所有。现在国库已经没多少东西了，他从哪里能获得钱财来帮助那些穷苦人呢？

想到这儿，善事太子就向身边的人打听，现在什么生意最赚钱。

莫高窟第296窟　主室窟顶　善事太子故事之太子布施　北周

大家七嘴八舌地说，不怕艰险可以远途贩卖货物，不怕严寒酷暑可以耕种土地，还有人说多养家畜也能致富。最后一个人告诉他，如果不怕死，潜入大海，到达龙宫，取得如意宝珠，这宝贝能让人要啥有啥。太子思考着，无论贩卖、种田还是饲养家畜，最多只能让一家人吃饱穿暖，不可能救助全天下的穷人。只有潜入大海，获得如意宝珠，才能让所有的穷人过上好日子！太子把入海求宝的想法告诉了父母，希望他们能同意。国王和王后听了，忧愁焦急地问太子为什么要去海里，如果想继续布施，国库剩下的财宝都可以给他，随便他散尽家财都行。国王说，听说大海深处极其危险，有黑风，有罗刹，有漩涡，有摩羯大鱼，还有暗礁。往往百人结伴而去，能有一个活着回来就不错了。父母和王国都需要太子，他绝对不能去冒这个险！

善事太子早料到父母不会同意，但他立志要济世救民，于是一连绝食六天，向父母表明自己寻宝的决心。国王跟王后商量说："儿子不肯吃饭已经六天了，到明天恐怕就要饿死了。这孩子从小到大只要想做的事，最后都一定能干成，拦是拦不住的。要是让他出海去试一试，兴许还能活着回来。不然他为了这个事，真能把自己饿死在家里！"王后也说："是啊，那就让他去吧，好歹眼下他还能好好的，愁也等到以后再愁吧！"国王和王后一起来到太子面前，一人拉着他的一只手，边哭边说："好儿子，我们同意你出海了，快起来吃饭吧！"太子听到他们的话，高高兴兴地起来了。太子安慰父母说："父王母后请放心，我保证一定平安回来！"

于是善事太子开始组织寻宝团，有五百个商人报名参加。国中有一位已经双目失明的向导，曾数次出入过大海，寻找宝藏的经验极为丰富。太子亲自去恳求这位向导同行，希望向导能在路上指导他如何应对各种危险。向导觉得自己年事已高，而且国王珍爱太子，万一路上有什么闪失，难以向国王交待，不肯答应与太子同行。太子只好去求父王劝说向导，宝铠王亲自来到向导家里，拜托向导一定协助太子出海寻宝，言辞恳切打动了向导。向导觉得自己又老又瞎，还能受到国王的重视，便痛快地答应下来。太子与向导商定了出发的日期，一颗悬着的心总算是落了地。

莫高窟第296窟　主室窟顶　善事太子故事之太子组建寻宝团　北周

国王回到王宫，对身边的人说："你们谁敬重爱戴我，就陪太子一起出海吧。"这时王子恶事说："我愿意和哥哥一起去！"国王也觉得他们兄弟同去，碰上危险的时候互相能有个照应，就同意恶事一同前往。善事太子用一千两黄金买了船只，又用一千两黄金准备了粮食，最后用一千两黄金采购了其他必需品。一切准备就绪，寻宝团按时出发，全国都陷入悲伤的气氛中，大家看着他们越走越远。

这支寻宝的队伍来到海边，他们加固了船只，出海的大船有7层高，季风一到，大家就把船推下了海，用7根绳索系在岸边。开船之前，善事太子召集众人说道："我们此去困难重重，大海中有黑风罗刹、恶龙怪鱼、漩涡暗礁，你们都是听说过的，入海者能活着回来的人极少！

如果有人后悔了，现在下船回家还来得及！如果真不怕死，一心入海寻宝，有朝一日带回来的珍宝，也必定几辈子都花不完！”说完他就砍断一根绳索。太子怕有人中途后悔，每天说一次这样的话，同时砍断一根绳索。如此过了整整七天，绳索全部被砍断，寻宝团乘着大船，借着季风向广阔的大海疾驰而去。

大船很快就把众人带到了海中宝岛，善事太子懂得各种宝物的价值。他教给大家辨别宝物好坏的方法，告诫商人们不要带太多，不然船会有沉没的危险，只要取够那些贵重的珍宝就行。说完之后，太子

莫高窟第31窟　主室北壁　报恩经变之登岛取宝　盛唐

就和向导乘上小船，继续驶向大海深处。向导说如果你到一座白色的山，那是银山；再前面还有一座蓝色的山，那是琉璃山；继续向前还有一座黄色的山，那就是金山了。

善事太子和向导在金山下了船，他们坐在金山的沙滩上。向导说："我太老了，走不动了，恐怕要死在这儿了。我来告诉你后面怎么走。你从这里过去，会看到一座华丽壮观的七宝城。如果城门关着，记得城门边有一支金刚杵。你拿着金刚杵就能把门敲开，里面的五百位仙女会端着各种宝物迎接你。其中有一位仙女拿的宝物是一颗珠子，泛着幽暗的深蓝色光泽，那就是如意宝珠。你拿到如意宝珠，一定要保护好，千万别丢了。其他宝贝你也可以拿一些，记住不要跟她们说话。我感觉自己快不行了，如果等你回来我已不在了，请将我埋在这片沙滩上。"善事太子还未离开，向导就已经咽气了。太子将他埋葬在沙滩，哀悼之后，就出发前去七宝城。果然城门是关闭的，太子用金刚杵敲开了城门，然后各路仙女拿来各种宝物，最前面的一位仙女手托着一颗深蓝色的珠子。太子记住向导的嘱咐，拿好如意宝珠，藏在自己的衣服里，立即动身返回。

这边善事太子前脚刚走，恶事就告诉众位商人，来一趟很不容易，应该多拿一些。大家都贪图宝物，拼命往船上装。善事太子刚刚返回，发现大船已经装满。他们启程返航，船一开动就有了下沉的迹象。没航行多远，整条大船就沉没了。商人们在大海上时沉时浮，显然已性命不保。幸好善事太子身上有如意宝珠，使他浮在海上没有溺水。这时弟弟恶事大喊："哥哥救我，哥哥救我！"太子拉起恶事，两个人一同漂浮着，相伴游了很久。终于上了岸，两个人都瘫倒在沙滩上。

莫高窟第296窟　主室窟顶　善事太子故事之入海取宝　北周

恶事对哥哥说：“咱们兄弟二人费这么大劲，好不容易在海中找到那么多宝贝，现在却要两手空空回去，我心里真难受！”善事太子天性忠厚，他不想让弟弟失望，就把如意宝珠的秘密告诉了弟弟。恶事又说：“哥哥拿出宝珠来让我看看吧。”太子没有听从向导的忠告，把宝珠拿了出来，说道：“弟弟你看，这就是如意宝珠。”恶事看到宝珠，心里开始盘算：“上天真是不公啊！父王本来就偏爱哥哥，不在意我。今天我们兄弟二人一同入海，哥哥他得到这样的宝物，而我却空手而归。如果这样回去，大家以后更看不起我，我该怎么办呢？不如趁着哥哥睡着的时候，把他杀了，宝珠就归我了！回去就跟父亲说，哥哥掉进海里淹死了。这样就剩我一个，大家必然更加爱我。”

恶事想好毒计，对哥哥说：“天色已晚，咱们兄弟俩不能同时睡觉，应该轮流值守，保护宝珠，这样才安全。”善事太子赞同恶事的话，就让弟弟先睡，他来值班。结果恶事故意睡了很久很久，善事又不忍心叫他。等到他们两个交换的时候，善事实在太累了，很快就沉沉地睡着了。恶事看到哥哥已经睡熟，跑进树林里掰了两根长长的木刺。双手各拿一根，对准善事的眼窝就刺了下去，然后拿起宝珠头也不回地跑了。

莫高窟第148窟　甬道顶　报恩经变之刺目夺宝　盛唐

善事太子不顾剧痛，捂着流血的眼睛大喊："弟弟，弟弟，有强盗！"四周没有任何回应，善事感到害怕极了，也不知道弟弟怎么样了，自己趴在地上苦苦摸索着。一旁的树神，实在看不下去了，闷闷地发出一个声音："害你的人就是你弟弟恶事，他已经拿着你的宝珠跑啦！"善事大喊："谁，谁说的？我弟弟呢？你们不要伤害他！"在寒冷的夜里，他再也找不到任何一个人。痛苦孤独之下，他开始默默接受这样的现实。可那是自己的亲弟弟啊，他无论如何还是不愿意相信。

善事太子双目失明，只能艰难前行。他一路备受折磨，来到一个名叫梨师跋的国家。他爬到一片水塘边，正好有五百头牛在水塘喝水。牛群的领头牛看到太子，慢慢靠近他，伸出舌头来舔他的脸。其余的牛都聚集过来，惊愕地围观着这个苦难的人。牧牛人觉得奇怪，走过来发现倒在地上的善事。虽然太子的眼睛中还插着长长的木刺，但一看太子的样貌，就知道他不是普通人。牧牛人为太子拔出木刺，把他安置到自己的住处。

牧牛人每天都将牛乳敷在善事太子的眼睛上，精心照顾太子的饮食起居。过了一段时间，太子的眼睛虽然还是看不见，但伤口慢慢好了，牧牛人对太子没有一点怠慢。太子问牧牛人："你是做什么的？家里有什么产业？"牧牛人说："我没有什么家产，只是个普通的牧牛人，靠着卖牛奶维持家里的生活。"善事太子感到很不好意思，他心想："这人生活这么困难，还尽力照顾我。现在我伤也好了，不能再给人家添麻烦了。"太子对牧牛人说："前些日子我遭了大难，感谢您收留我，您的大恩我无以为报。现在我已经能够走路了，请您让我到城中去乞讨，自己养活自己吧。”

牧牛人听太子这样说，以为家人背后说了什么厌弃太子的话，才使太子产生了离开的心思。他私下里问妻子：“咱们收留的那位公子，我对他就像亲兄弟一样。他忽然跟我说要离开咱家，你没有背着我说过或做过什么吧？”牧牛人的妻子听了，也赶忙去劝说太子，一家人都把太子当作亲人，舍不得让他离开。太子见他们这样诚恳，就又多住了几天。之后还是说：“你们救了我，还悉心照料我，让我吃好穿暖，也从没把我当外人。可我还是想去城里自食其力，你们能把我送到城里吗？”牧牛人看善事太子这么坚决，就亲自把太子送到王城中。太子和牧牛人告别时说：“如果您还是担心我，就请给我买一把琴吧，我也能弹琴自娱。”牧牛人于是买了一把琴，送给善事太子，两人默默道别。

善事太子已经习惯了失明的生活。在他还是太子的时候，就学会

莫高窟第296窟　主室窟顶　善事太子故事之善事流落梨师跋国　北周

了很多技艺，他很善于写文章也善于唱歌。他坐在路边，唱起了歌，弹着琴伴奏，声音优雅清丽。城里的人们听到这样的歌声都驻足欣赏，越听越听不够。人们都被这个盲人的歌声打动，争相带着各种饮食来送给盲人太子。甚至城里的五百个乞丐，都来投靠太子，靠着太子的歌声吃上了饱饭。

这个国家的国王有一座果园，有位园丁专门管理果园。果子快要成熟时，总有鹦鹉飞来偷吃。因为人手不够常常顾不上驱赶，很多水果都被鹦鹉咬坏了。国王看到满地的烂果子，气得要治园丁的罪。园丁吓坏了，赶忙向国王汇报，说这么大的果园，这么多的鹦鹉，他一个人根本忙不过来。梨师跋王觉得园丁说得有道理，就同意让园丁再找人来帮忙看守果园。园丁走在路上，看见善事太子在路边行乞。一看太子的样子，就是忠厚老实的人。园丁询问太子：“你愿意帮我看守果园吗？如果行，我给你提供食宿。”太子很实诚地说，自己眼睛看不到，哪能守果园呢？园丁说，这倒不难，只要把大量的细绳一端系在树梢，上面挂上铃铛，将绳子的另一端牵在手里。如果听到有声音就拉绳索，铃铛丁零当啷的一响，鹦鹉害怕就会飞走。善事觉得这个办法真好，很感激园丁给他工作，就答应前去看守果园。

与此同时，恶事王子回到宝铠国，他们的父王心想，怎么会只有他一人回来。恶事告诉父亲，他们的船在海上沉了，哥哥善事和商人们，连带各种珍宝都被海水淹没，只有他一个人尽力游到岸边，得以生还。国王和王后听到这个消息，双双晕倒在地，半天才苏醒过来。全国上下听到太子死去的消息，都陷入了深深的悲伤。国王责备恶事说：“你哥哥死在了海里，你怎么好意思活着回来！”

莫高窟第61窟　主室南壁　报恩经变之鸿雁传书　五代

善事太子在王宫中养着一只大雁，宝铠王很伤感，对着大雁说：“太子把你养这么大，如今他掉进海里回不来了。你能不能去大海那边看看，让我们知道他在哪里。”宝铠王写了一封信，系在大雁的脖子上，然后放飞了大雁。这只大雁真的向着大海的方向飞去，它飞到了梨师跋国，听见了果园里的歌声。它听出那是主人善事太子的歌声，就飞下来查看，果然是太子。大雁围着太子，不断地鸣叫，十分高兴。太子也认出了大雁，并摸索着从大雁脖子上解下信件。因为双目失明不能阅读，太子借来了纸笔，写了一封回信，讲述了自己离家后的经历。

仍旧将信系在大雁的颈上，大雁便朝着宝铠国飞去。

梨师跋王有一个女儿，长得端庄秀丽，国王非常疼爱她。这天，公主去果园游玩，看见树下的善事太子，这人蓬头垢面，双眼无光，衣衫破烂。公主心生好奇，站在一旁端详，发现这人气质不凡，便坐到太子身旁主动攀谈。到了吃饭的时间，公主叫人送来了食物，要和太子一起吃。太子羞于自己现在是个乞丐，不愿和公主一同吃饭。几番推脱之后，公主还是诚恳地邀请，太子勉为其难地一块吃起饭来。两个人聊得越来越多、越来越投机，公主渐渐欣赏起这个目盲的乞丐来。

直到太阳快要落山，梨师跋王派人叫公主回去。公主却让人转告梨师跋王，自己想做这个守园乞丐的妻子，不想嫁给其他国家的王子了。梨师跋王听到这个消息，自言自语道："这下可要大难临头了！都是我平时对这个女儿太娇纵了，她现在连婚姻大事都敢自作主张。宝铠王已经为他家的太子提过亲，我满口答应将小女许配给善事太子，只是太子一直出海未归才没完婚。今天她要是做了乞丐的妻子，对太子和她自己都是一种羞辱，我脸都不知道该往哪儿搁！各国中最强盛的宝铠国，也是我们的宗主国，这可是我们惹不起的大国呀！"梨师跋王又派人去劝说，可公主意志坚定，非守园乞丐不嫁！

梨师跋王终究拗不过女儿，同意他俩的婚事，让他们在宫中秘密结婚。婚后，公主每天白天出去晚上回来。善事太子很奇怪，问："你为什么这样呢，是不是嫌弃我是个瞎子？"公主发誓说："我肯定一心一意爱你，怎么可能有二心呢？这都是实话，发自内心，绝不虚假。如果这是真话，就让你一只眼睛复明。"公主的誓言感天动地，善事太子的一只眼睛真的复明了。公主激动地问："你现在可以告诉我，你是从哪里来的吗？”太子说：“你知道宝铠国吗？”公主说知道。“你知道善事太子的事吗？”公主不好意思地回答听说过。“我就是善事太子！”公主顿时又惊又喜，原来自己拒绝的未婚夫就是自己现在的丈夫啊，她喜极而泣，幸福的眼泪奔涌而出。

公主问道：“那你是怎么流落到这里的？”善事太子把事情的原委全部讲给了自己的妻子。公主感叹道：“恶事这样害你，我从来没见过这么恶毒的人！你要是有朝一日抓到他，打算如何处置？”太子却说：“他虽然加害于我，但是我对他却没有愤怒和憎恨。我知道你难以相信，

莫高窟第85窟　主室南壁　报恩经变之善事太子与公主　晚唐

如果我说的是真话，就让我另一只眼睛也复明吧。”话音未落，善事太子的另一只眼睛也能看见了。夫妻二人抱作一团，欣喜万分。公主跑去找到梨师跋王说：“父亲，宝铠国的善事太子你可认得？”“当然认得，他本来就要给我当女婿的啊！”国王苦笑道。“善事太子，就是我的丈夫！”公主脱口而出。梨师跋王以为自己的女儿疯了，人人都知道善事太子下落不明，眼下公主嫁了个瞎乞丐，竟胡说自己的丈夫是太子！

公主拉出双目复明、打理整齐的善事太子，太子帅气威严，更胜往昔。梨师跋王上下打量一番，认出驸马正是善事太子，又是惭愧又是害怕。梨师跋王一边行礼一边自责，说之前怠慢太子请太子原谅。虽有一番波折，但公主还是嫁给了太子，梨师跋王心中自是无限欢喜。出于礼仪考虑，太子和公主已经成婚的事还不能公开。梨师跋王悄悄将善事太子送到边境，并散布消息说，善事太子从海中平安返回，准备来梨师跋国迎娶公主。梨师跋王准备了盛大的仪仗，率领一众群臣，亲自前往迎接。他迎来太子，大宴宾客，给太子和公主举办了盛大的婚礼。而这时，带着书信的大雁也飞回了宝铠国。宝铠王看见大雁，解下了书信，终于得知善事太子还活着。了解太子经历的种种辛酸后，宝铠王和王后悲喜交加，全国上下都为太子愤愤不平。宝铠王把恶事关进监狱，同时给梨师跋王修书一封，责令梨师跋王送太子回国。梨师跋王收到信后，即刻准备送太子夫妇回国。善事太子请岳父将牧牛人接到王宫，给予了很多的金银财宝来报答他，牧牛人一家从此过上了安乐幸福的生活。

梨师跋王用金银装饰了五百头大象，并为太子夫妇挑选了五百名

莫高窟第154窟　主室北壁
报恩经变之亲人相会、宝珠雨宝　中唐

侍卫、五百名侍女，又将五百辆大车装满宝物。梨师跋王亲自带上群臣，领着公主的陪嫁队伍，护送太子夫妇回宝铠国。宝铠王接到梨师跋王准备护送太子回国的信件，早已带着王后、大臣和百姓们在边境上等着迎接太子。善事太子远远看见父母的身影，赶紧下车跑到父母面前。太子向父母行礼后，一家人紧紧地抱在了一起。太子夫妇登上宝铠王的车，一行人欢欢喜喜回到了祖国。来到王城门外，善事太子问父亲："恶事弟弟在哪里？"国王回答道："像这样的恶人，天下不容，我也不想见他，已经关进了大牢！"太子恳求父王释放恶事，父亲却说："他罪孽深重，都还没审讯定罪，怎么能放！"太子说如果不放弟弟，自己就不进王城，宝铠王只

莫高窟第296窟　主室窟顶　善事太子故事　北周

好放出恶事。兄弟二人相见，善事抱着恶事安慰了他。在场所有的人，见到太子不计前嫌，依旧爱护兄弟，都更加敬重善事太子。太子这举世无双的品格，一时传为美谈。

回到王宫，善事太子还是像从前一样，对弟弟恶事亲密友爱。恶事从路旁挖出了私藏的如意宝珠。太子握着如意宝珠，向宝珠许愿让宝铠王的座位变成七宝座，顶上也有七宝的华盖，一眨眼就实现了。他又许愿让国库全部充满，一瞬间，国库就又被宝物堆满了。太子向全国颁布诏令，七天后，天上会下宝雨，满足所有百姓的生活所需。七天后，善事太子香汤沐浴、穿上新衣、礼拜四方后，郑重地向如意宝珠祈祷。先是有微风细雨清洁了地面，之后依次有美食、五谷、衣服从天而降，最后下的金银珠宝堆满了空地。全国百姓各取所需，大家都过上了富足的生活，一时间，宝铠国成为人人向往的乐土。

敦煌莫高窟现存善事太子故事画共6例，分别见于北周第296窟，中唐第238、237、231窟，五代第146、98窟。其中，又以莫高窟第296窟的最为著名。整幅故事画共包括43个情节，即宝铠国王及夫人、国王祈子、王寻仙人、王见仙人、王求仙人生于王家、仙人应允、王后有喜、太子诞生、相师为善事占相、贵妃怀子、相师为恶事占相、起三时殿、冬季居温殿、春秋居中殿、夏季居凉殿、善事请游、善事出城、善事行进、民众观看、观者无数、善事见乞儿、善事见杀生、善事见动物相食、善事见狩猎、善事见捕鱼、善事还宫、求王开国库、开库施宝、民众相告、任取所需、善事与恶事辞行、太子出行、行至海边、取得宝珠、善事救恶事、善事恶事同行、恶事刺瞎善事双眼、恶事盗走宝珠、牛王舐善事目、牧牛人为善事拔刺、共至城中、善事弹琴、公主心生爱慕。故事采用横卷式构图，情节以山峦树木、屋宇建筑进行分隔，上下交错呈波浪形顺序发展。整个故事情节曲折生动，画面充满生活气息，成为北周时期最具代表性的墙上连环画。此外，在敦煌唐五代宋时期流行的报恩经变中，常绘有经文的“恶友品”内容，实际上是由善事太子故事改编而成，并把主人公的名字改成了善友和恶友。

多罗睺施王子的苦恼

从前，有一位强大的国王名叫赊仇利，他的后宫中有五百位王妃，却没为他生下一儿半女继承王位。赊仇利王整天为没有子嗣而发愁，担心有一天自己死了国家会大乱。帝释天在天上感受到国王的不安，他变成一位神医从天而降。神医告诉国王在大雪山中有几种珍贵的药草，他可以把这些药采来熬成生子药，王妃们服下之后一定会为国王生下子嗣。国王听了这话，稍稍缓解了心中的焦虑，他请神医一定要帮他制药。神医不辱使命，前往雪山找到了那些药草，用牛乳熬制后，先端了一碗送给王后。一来王后嫌这药恶臭难以下咽，二来也不信眼前的医生真能治愈不孕症。帝释天制好药后返回天界，王后坚决不肯服药，其他的王妃们都乖乖把药喝了。没过多久，王妃们都有了身孕，她们把这个消息报告给王后。王后十分后悔自己当初不肯服药，询问是否还有剩下的生子药，后宫总管说药已经没有了。王后又追问从雪山采来的药草还有没有，总管说药草确实还剩一些。国王知道后，马上命人用牛奶熬了剩下的一点药草，把药交给了王后服用。王后服药几天后，果然也怀上了孩子。

十个月后，先是王妃们一个个生下了帅气可爱的王子，国王一下子有了这么多儿子，高兴得不知道如何是好。他想起得快去看看王后，王后是最后一个为国王生下儿子的。可是这个王子长相极丑，皮肤像枯树皮一样，别说是国王了，连王后这个亲娘都不愿意再多看孩子一眼。干脆起名叫“多罗睺施”，就是丑八怪的意思。好歹是王后生的儿子，国王还是令人好好地养育这个王子。五百个儿子渐渐长大，除了这个小儿子，其他的哥哥们都已成婚。只有多罗睺施，国王不喜欢他，也没把他的婚事放在心上。

有一次，碰上邻国武力挑衅，发兵侵入国家边境。国王派五百王子前去应战，没想到刚一开战，王子哥哥们就败了，匆匆后撤打算回王城躲避。多罗睺施问哥哥们：“为什么这么快就撤下来？每个人看起来都吓得不轻。”哥哥们回答说：“邻国大军来势汹汹，我们根本打不过，再不退后恐怕所有人的命都要丢在这儿了！”多罗睺施听了气愤地说：“像邻国这样的强盗，哪能任由他们入侵！把先祖的大弓拿来给我，我去应战！”他们的先祖是著名的转轮王，传下了一张没人能拉得开的大弓，是他们的镇国之宝。一群士兵将神弓抬来后，多罗睺施郑重地拿过神弓，举过头顶拉开大弓空放了一箭。神弓发出雷鸣般的声音，四十里外都能听到。多罗睺施背弓上马前去迎敌，到了阵前他先吹响螺号，声音响彻云霄。还没有开打，敌军听到这声音以为神兵天降，吓得立时溃散，从此退兵。赊仇利王得知小儿子这般神勇，立刻对多罗睺施另眼相看，这才想到这个儿子到现在还没有成亲。

正好听说邻国律师跋蹉王的女儿，容貌殊美，尚未出嫁，赊仇利王马上派出使者前去提亲。赊仇利王怕对方嫌弃小儿子的长相，派了多罗睺施的一位哥哥冒充弟弟与使者同去求婚。律师跋蹉王敬畏赊仇利王国势强盛，见到王子也英俊有礼，便欣然同意了这门婚事。赊仇利王很高兴，仪仗隆盛地在黄昏时迎娶公主过门。他还特意叮嘱小儿子，白天不要与公主见面。所以自打公主过门，多罗睺施都是夜里回宫，而且不让公主点灯，天没亮时就离开。

有一天，王子们的妻子在一起闲谈，她们个个都夸赞自己的夫婿。多罗睺施的妻子也说："我的夫君在战场上英勇无比，平日对待我却很温柔，真是一位可敬可爱的人！"妯娌们听了，都笑话她说："你还不知道吧，你的丈夫是个丑八怪！你要是白天见了他，准能把你吓个半死！"公主半信半疑，想想自己嫁过来这些天，确实都没看清小王子长什么样。这天晚上，她在床下藏了一盏灯，等多罗睺施睡着，就把灯拿过来偷偷点亮。呀，这床上的丈夫长得也太吓人了！公主一刻也待不下去了，当天晚上就让人驾车返回娘家。天快亮时，多罗睺施醒来才发现公主不见了，他看见地上的油灯，想到公主一定是看见了自己的相貌。小王子心里很难过，提上神弓骑马追赶，到了公主的国家，暂时住到了一位熟识的大臣家中。

这时，周边六个小国的国王，听说律师跋蹉王的女儿悔婚回国，他们贪恋公主绝世无双的美貌，纷纷带着大军前来提亲。律师跋蹉王面对这种情况不知该如何是好，不管把公主许给哪一国，必然要得罪其他五国，看着来势凶猛的六国大军，国王赶紧召集大臣们商议。有一位大臣说，要不就把公主的身体分成六份，一国一份不偏不倚，估计就能息事宁人了。另一位大臣说："重赏之下必有勇夫，请国王迅速诏告全国，如有能退六国大军者，不仅把公主嫁给他，还分一半的江山给他！”律师跋蹉王觉得这个大臣的主意很好，于是立刻向全国宣布招募能退六国大军的勇士。多罗睺施看到告示后，毫不犹豫地背弓上马出城迎敌。他刚刚吹响螺贝，六国大军就像被施了魔法一样，人人都吓得在原地呆住不动，等到他拉弓射箭时，所有的敌军开始慌忙逃窜。多罗睺施轻而易举驰入军中，斩杀了来犯的六国国王。他挥动着六位国王的王冠，六国兵马都向他投降。

律师跋蹉王得知多罗睺施这么英勇善战，高兴得哪管这小王子长什么样，满口夸赞地把公主再次交到多罗睺施的手中。律师跋蹉王还把自己国家的军队也交给了多罗睺施，表示以后自己的国家就是小王子的属国。多罗睺施带着公主，率领律师跋蹉王的军队和六国降军一起返回祖国。赊仇利王闻讯赶到边境上迎接儿子，当看到小王子带领这么强大的军队回来时，老国王决定把整个国家都交给小儿子。但多罗睺施说父亲现在身体健康、治国有方，没有理由让自己提前即位，所以并没有同意接受父亲的王位。回到自己的宫中，多罗睺施询问公主为什么在夜里逃出宫外？公主回答说实在是夫君长得太吓人，自己夜里看到以为是鬼怪，所以才一时糊涂逃回了娘家。多罗睺施拿过镜子，上上下下地打量了一番自己，怎么看自己都确实是个丑八怪，连自己都厌恶自己的样子。他一个人默默地走出宫殿，走进树林，觉得活着没什么意思，想要在这里自杀。

帝释天感受到了多罗睺施的绝望，他从天而降送给小王子一颗宝珠。帝释天告诉多罗睺施，只要把这颗珠子常常戴在头顶，慢慢地，他的外貌就会变得和天神一样英俊。小王子把宝珠放进自己的王冠中，他把王冠重新戴到头顶的那一刻，就感受到身体发生了巨大的变化。多罗睺施回到宫中，开心地拿上那神弓，打算到外面走走。公主看到一个陌生男人闯进来，立刻上前阻止："你是谁？快放下那张弓，赶紧离开这里！小心被我夫君看到，他一定饶不了你！"多罗睺施笑着说："夫人，我就是多罗睺施！"公主根本不信，她又说道："我夫君跟你长得不一样，你到底是谁？"多罗睺施取下王冠，又恢复了丑陋的样貌。公主抱住了小王子笑着哭着，问小王子怎么会有这样的变化。多罗睺施一边把帝释天送给他宝珠的事情告诉公主，一边把王冠重新戴好。公主这下相信了眼前这位英俊的男子，真的就是自己的丈夫！从此以后，公主更加爱戴小王子，小王子也不再叫多罗睺施，改名须陀罗扇。须陀罗扇王子不仅为人勇敢，而且善良有礼，体恤百姓。他后来继承了父亲的王位，成为周边最强大的君主，他修筑宫殿时连龙王都来帮忙，在他的治理下百姓安居乐业、国势蒸蒸日上。

敦煌莫高窟现存多罗睺施故事画仅1例，位于五代第98窟西壁，为屏风画形式。画面自上而下包括多罗睺施首战迎敌、公主持灯偷看王子、多罗睺施与六国军队对阵、帝释天乘云而降、王子变英俊后与公主幸福生活等多个情节。这是一位王子由丑变帅的故事，作者在故事结尾告诉大家，多罗睺施生来奇丑是因为前世曾经嘲笑别人长得丑，所以这一世才要让他体会被人嘲笑的苦恼。所以，不要随意嘲笑别人的长相，不管在什么样的外貌之下，只要有一颗善良的心，每个人都会越来越美。

聪明的端正王

很久很久以前，有一位聪明的国王叫阿波罗提目佉，他为人公正、明辨是非、治国有方，人人都称他为“端正王”。在这个国家里，有一个名叫檀腻羁的穷人，常常食不果腹。好不容易收获了一些粮食，家里又没有牛踩谷打场，只好向邻居借牛来用。等到把谷物都褪皮筛好，就把牛赶回了邻居家归还。牛赶到人家门口，一时想起家里还有急事，就忘了跟主人交待，匆匆忙忙放下牛自己便走了。邻居虽然看到了牛在自家门口晃了一下，但他以为檀腻羁还没有用完，自己也没有把牛赶回圈拴好。两人都以为对方管着牛，谁都没有理会，这一下牛真的走失了。邻居找檀腻羁要牛，檀腻羁坚称已经还回去了，两人拉拉扯扯互相指责争执不下。

牛主人拉住檀腻羁，打算到国王那里告状，正好碰上给国王放马的马夫。马夫正在追一匹逃跑的大马，他喊檀腻羁帮他拦住那匹马。檀腻羁随手操起一块石头丢向大马，可没想到竟把一条马腿给打折了。这下好了，马夫怕国王怪罪，也揪住檀腻羁要去见国王。走着走着，一条河拦住了三人的去路，大家都不知道在哪里可以渡河。正好河边一个木工嘴里叼着斧头，两手提起下摆系在腰间。檀腻羁问木工从哪儿可以过河，木工正要回答，刚一张嘴斧头就掉进河里，怎么也找不到了，气得他也抓着檀腻羁要一同去见国王。

一天糊里糊涂碰到三个债主，一路上被他们辱骂逼迫，檀腻羁又渴又累，大家也同意在路旁的酒家稍稍休息一下。本来心情就乱七八糟，檀腻羁跟店家要了点白酒，坐到店内的大炕上自顾自地喝了起来。喝到有点迷糊，才隐隐觉得屁股底下有什么东西。低头一看，自己不是坐在坐褥上，而是坐在一床小被子上，被子下面的婴儿早已没了气息。正好女店主过来看孩子，发现儿子被檀腻羁坐死了，哭着扯住他要一起去见官。听到女店主的哭声，檀腻羁酒也醒了大半，他心想自己一天之内闯了这么多祸，这下还惹出人命，真要被这些人送到国王

莫高窟第98窟　主室北壁　檀腻羁在酒店　五代

面前肯定是死罪。如果现在设法逃走，好歹还能保住一条小命。女店主一边哭一边骂，他趁着混乱，一溜烟地便跑了出去，迅速爬上院墙看都没看就从墙头跳下。可没想到墙下刚好有一位老人在织布，檀腻羁不偏不倚地砸在老人身上，老人立时毙命。老人的儿子见状，上前逮住檀腻羁，要与前面的四位受害者一起去找国王评理。

他们走着走着，看到一只雉鸡停在树上，这只鸟问檀腻羁要去哪里。得知檀腻羁要去见端正王时，大鸟托他问问聪明的国王，为什么自己在别的树上叫起来不好听，只有在这棵树上能唱出美妙的歌声呢？没过多久，他们又遇到了毒蛇，毒蛇也托他们向国王询问，为什么自己早上出门时身体柔软、没有病痛，可晚上回来时皮硬肤痛、很难前行呢？

在五名受害人的严密监视下，檀腻羁终于来到了端正王面前，国王看到这么多人告一个人的状，就让他们按事情的先后顺序讲述案情。

第一件失牛案，国王听了丢牛的经过，断定牛主人和檀腻羁都有过错。他说，檀腻羁还牛却不肯告诉牛主人，该说的话不说，判处割去檀腻羁的舌头；牛主人看见牛了却不拴好，视而不见，判处剜去眼睛。牛主人听了立刻告饶，他决定不再讨牛，也请国王免去割舌和剜眼的酷刑，国王同意他们和解免罚。第二件伤马案，国王听了打折马腿的经过，认为马夫和檀腻羁都有责任。他说，是马夫喊檀腻羁去拦马的，应该截去马夫的舌头；打折马腿的石头是檀腻羁丢出去的，应该砍断那只丢石头的手。马夫听了也立刻撤诉，决定不再追究，请求国王免去割舌和断手的酷刑，国王同意了他们和解免责。第三件失斧案，国王听檀腻羁讲了经过，对木工说：“因为檀腻羁问你话，让你的斧子掉进水里，要罚他截去舌头。可是向来都应该用手拿东西，你却用嘴叼着斧头，你也有过错，那就罚你打掉两颗门牙！”木工听了赶紧摆手说，斧子不要了，愿意和檀腻羁和解，国王也免去了对他俩的惩罚。

第四件杀婴案，国王了解了案情，对女店主说：“你是开酒店的，店里本来就人来人往。作为母亲，你怎么能把那么小的婴儿放在客人们都要坐的大炕上，还给孩子盖着被子让别人不容易发现。可怜的小生命就这么没了！要不你就把檀腻羁带回去，给你当夫婿一起生活，等你怀孕生了孩子再把檀腻羁放了。”女店主急得说：“我儿子已经没了，我也有错，我宁可不追究，也不要这个穷鬼当老公！”就这样，女店主和檀腻羁也和解了。第五件杀父案，国王知道檀腻羁纯属莽撞误杀后，对老人的儿子说：“人死不能复生，要不你把檀腻羁带回家当成父亲供养吧！”儿子听后急忙说：“我可不要这个家伙给我当爹！这事还是算了吧。”经过国王对一件件案情的分析，倒霉的檀腻羁终于把所有的案子都了结了，心里的一块块大石头全部落了地。

这时，大殿里来了两位母亲，两人正在争夺一个还不会说话的小童。两人各拉着孩子的一只手，都说自己是孩子的亲娘，吵吵闹闹相持不下。国王跟她们说：“现在你们两个都不肯松手，那就看你们谁力气大，谁能把孩子拉过去，孩子就归谁！”果然，假母亲一点儿不心疼孩子，用尽全力拼命拉扯。亲生母亲担心儿子被拉伤，立刻松手任儿子被另一方拉走。抢到孩子的母亲正得意，国王却对她说：“你不是孩子的亲娘，你怎么敢抢别人的孩子？”假母亲吓得连连求饶，国王牵着孩子的手交给真母亲，嘱咐她好好照顾小孩。真母亲抱起儿子，

莫高窟第98窟　主室北壁　二母争子案　五代

欢欢喜喜地回家了。

檀腻羁打心底里佩服国王明辨是非，忽然想起在来的路上大家还拜托他问的一堆问题。他把每个问题告诉端正王，国王一一进行解答。对于蛇身变化的问题，国王说因为蛇每天出洞时，没有烦恼，心情愉快，所以身体柔顺；可在外面碰上鸟兽之后，蛇很容易动怒，情绪烦躁，身体变得又粗又硬，原来的洞口就显得小了，回洞时就容易卡在洞口，要忍着洞口泥石的磨砺才能进去。国王说："告诉毒蛇只要每天不动怒，回洞时像出洞时一样心情平和，就不会有那样的痛苦了。"对于雉鸡的问题，国王说能让雉鸡发出美妙叫声的那棵树并没什么特别，只是树

莫高窟第98窟　主室北壁　檀膩羁故事　五代

下埋了一大罐金子而已。国王可怜檀腻羁家庭贫困，让檀腻羁去那棵树下挖出金子，然后去买一些田地产业好好地生活。檀腻羁遵照国王的指示，果然挖出了金子，他从此改掉了粗心的毛病，用这些黄金买田置地认真经营，真的过上了富足幸福的生活。

敦煌莫高窟现存檀腻羁故事共两例，分别位于五代第98窟和第146窟，均为屏风画形式。其中莫高窟第98窟画面较为清晰，自上而下包括檀腻羁还牛、木匠失斧、压死婴儿、压死老人、端正王断案、二母争子等代表性情节。其中“二母争子”的故事，几乎存在于全世界的民间故事当中，两位母亲的身份有各种不同版本，但都是为了证明审判者的聪明睿智。这个故事里，端正王对于檀腻羁案情的处理，实际上提示了所有人，在问题发生时不要一味地怪罪别人，也要多分析自己的原因。如果从一开始就注意防范，很多悲剧都是可以避免的。

须阇提割肉奉亲

从前，特叉尸利国的国王提婆有十个儿子，在王国的四方各自领导一个小国家。最小的儿子名叫善住，他领导的小国，和谐繁荣，令人羡慕。但国王提婆身边一直潜藏着危机，他身边有一个名叫罗睺的权臣，一直窥视着国王的宝座。一天罗睺突然谋反，杀死了国王提婆，夺取了特叉尸利国的王位。罗睺害怕提婆王的儿子们反对他，夺权后就迅速发兵攻打各小邦国，打算除掉提婆王的十个儿子以绝后患。

善住王平日里积极行善，各路神仙都看在眼里。这天，他在花园里散步，突然从地下冒出一个药叉，跪在地上痛哭不已，拉着善住王说："不好了国王，大臣罗睺造反了，你的父亲已被杀，你的九个哥哥也都死了，他们马上要来杀你了，你快些逃命去吧！"善住王听了，心中又悲痛又恐惧。很快天就黑了，他想着自己父亲兄弟惨死，自己再不跑就来不及了。这时，他看见7岁的儿子须阇提，儿子又可爱又懂事，善住抱起儿子难过得哭了起来。王后看到善住这样悲伤，她疑惑地上前询问国王为何突然悲泣。善住告诉妻子今天在园中的遭遇，恐

莫高窟第296窟　主室北壁　须阇提故事之善住王出逃　北周

怕自己马上要大难临头了。王后恳求国王，不要抛下妻儿不管，一定要带她和儿子一起走。

善住看着自己的妻儿，决定到邻国求援。他们带上7天的口粮，趁着夜色出城逃亡。为什么带7天的口粮呢？原来从他的国家去邻国有两条路，远路要走14天，近路只需要7天。出发时慌乱仓促，加上夜黑没有看清，一家人误入了要走14天的远路，走了7天还没有到达邻国。这时他们突然发现走错了路，这下要怎么办？粮食吃完了，往前继续走还要7天，回去同样也要7天。后面还有追兵，一家人便陷入了绝境。善住王看看稚嫩可爱的儿子，不忍心伤害，便动了杀妻食用的念头。他让王后驮着孩子走在前面，打算拔刀从身后将她杀死。

须阇提扭头看到身后的父亲，正流着眼泪拔出了刀剑，心中一下便明白了。他跳下去抱住父亲，摆手说：“父王，您不要杀我妈妈，要杀就杀我吧！”一家人哭成一团。小小的须阇提说：“爸爸妈妈你们别伤心，孩子你们还可以再有，现在我们已经没有活路，就让我来报答

你们吧。”须阇提对父亲说，不要一刀把他砍死，那样过几天尸身腐烂就不能吃了。要每天从他身上割下来一些肉为大家充饥。须阇提拿起刀割下自己身上的三块肉，给父母两块，自己吃了一块。父母流着眼泪，扛着须阇提继续往邻国逃亡。接下来的几天，须阇提的身上已经没有太多的肉了，身体无法支撑，命在旦夕。他请父亲把自己的残躯分成三份，父母带走两份继续到邻国求援，剩下一份留在原地施舍给其他饥饿的生灵。远远望见邻国的王城，善住王照儿子说的做了，然后和王后恋恋不舍地告别了儿子。

一直在天上观察着事态变化的天神们哭得一塌糊涂，眼泪化作了人间的雨水，带着各种叹息，沙沙地落着。人间竟有这样的惨剧，这孩子可怎么办呢？帝释天擦了擦眼泪说：“不行，我得下去看看。”他和部众来到人间，变成了虎狼狮子等各种动物。围绕在须阇提身边，对他说：“唉，小孩子，你身上怎么没有肉啊？你是不是快要死了？你要是快死了，不如让我们把你身上剩下的这点肉吃了，可好？”须阇提说：“都饿了吧，我也快死了，我剩下的这点肉和骨头就给你们吃吧，希望你们能活下去。”他很高兴地靠在一边，脸上没有一点儿悔意。

莫高窟第296窟　主室北壁　须阇提故事　北周

这时，帝释天变回天神的样子，他问须阇提："小朋友，你现在快要死了，你真的不后悔吗？"须阇提说："我不后悔，能够让父母活下来拯救国家，我内心感到无比的骄傲。如果我说的话是真的，那就让我的身体恢复原样。"而就在这时，天地开始震动，云中一束金光射向他的身体。须阇提的肌肉开始慢慢复原，整个人都重新活了过来。不远处，善住王带着邻国的国王也已赶来，大家看到这一幕，都感叹须阇提的孝心感天动地。邻国的国王感动不已，决定派军队护送善住王一家回国平叛，一路上天神和百姓尽力协助，很快消灭了罗睺的叛军。后来，善住和须阇提相继成为特叉尸利国的国王，整个国家太平富足，再也没有战乱饥荒。

敦煌莫高窟现存须阇提故事画共4例，分别见于北周第296窟，五代第146、98窟，北宋第55窟。其中，以莫高窟第296窟的最为著名。该故事画采用连环画形式描绘，从善住王逾城出逃、误入歧途、须阇提割肉至借兵复国为止，其中国王一家于城头翻墙而出、须阇提割肉后遇狮子等场面最为生动。佛教最初主张远离家庭、出家修行，与中国传统的在家孝养父母的观念相违背。佛教传入中国后，为了获得更

莫高窟第296窟　主室北壁　须阇提故事之邻国出兵　北周

多的信众，也逐渐调整自己的学说，去适应中国本土的习俗。须阇提故事因为有牺牲自己保全父母的内容，后来成为符合中国传统的佛教孝养父母的代表故事之一。

睒子孝养盲父母

很久以前，有一位名叫一切妙的菩萨。他住在天宫，心地仁慈，常常用天眼观察人间。有一次，他看到迦夷国有一对双目失明的盲夫妻，他们没有儿女，但心地善良，打算进山修行。一切妙菩萨非常担心，如果这对夫妇两眼一抹黑，在山林中不小心掉下山崖，或是遭遇毒虫，那岂不是性命不保！于是菩萨自言自语道："如果我寿命到了，就让我投胎给他们当儿子，一辈子照顾他们。"

没多久，一切妙菩萨果然转生投胎到人间，成了这对盲夫妇的儿子，名叫睒子。盲夫妇有了儿子，心里特别高兴。很爱儿子的他们，本来要入山修行，因为儿子年幼就暂缓入山。睒子生性善良，七岁时就已经知道孝顺父母、奉行十善，小小年纪天真乐观，为人又有礼貌。有这样懂事的儿子，盲夫妇每天都很开心。十岁那年，睒子忽然对父母说："我知道爸爸妈妈早就想入山修行，怎么能因为我就放弃这个心愿呢？人世间纷扰吵闹，我愿意陪爸爸妈妈进山过安静的生活。"盲父母欣慰地说："我们的儿子真的是孝顺，我们可以一同进山修行了！"

睒子把家里的东西都送给穷人之后，带着盲父母一起进了山。睒子用蒲草为父母搭建房舍，依旧全心全意照顾父母。一家人吃野果、喝泉水，生活其乐融融。周边的鸟兽都被他们感化，不仅不来侵扰，甚至常作美妙之声娱乐盲父母。有时父母渴了，睒子就穿着鹿皮衣到溪边取水，各种动物也习以为常一同饮水。

有一次，迦夷国王进山射猎，远远看见水边有鹿，搭弓放箭。可没想到，射中的正是披着鹿皮的睒子，睒子痛得大喊："谁放的毒箭，这一箭要杀死三个人啊！"国王听到声音，立刻下马，来到睒子面前。垂死的睒子把他们一家在山中修行的事告诉了国王。国王悔恨自责，并到睒子家通知他的父母。盲父母来到溪边，见到睒子的尸身，抚尸痛哭。睒子的孝行感动了天神，天神使其复活，并使盲父母复明。后来，国王在全国宣传睒子的孝行，于是百姓们孝养父母，奉修五戒，修行十善。

莫高窟第299窟　主室窟顶　睒子故事之国王误射睒子　北周

莫高窟第299窟　主室窟顶
睒子故事之国王见盲父母　北周

敦煌莫高窟现存睒子故事画共6例，分别见于北周第461、438、299、301窟和隋代第302、417窟，均为横卷连环画形式。莫高窟第299窟为这一题材的代表作品，位于主室窟顶西披北段、北披、东披北段。全图共包括6个情节，画面左起3个情节为迦夷国王坐于宫中、国王与侍从骑马出行、国王逐鹿引弓射箭；右起3个情节为国王向盲父母讲述误杀睒子一事、国王牵着盲父母找到睒子的尸体、盲父母伏尸痛哭及天神使睒子复活。整幅画面的叙事从两头开始，画面中心既是故事的高潮也是故事的结尾。最后一个画面中，死去的睒子神态平和，与盲父母抚尸挥臂的悲痛情绪形成了鲜明的对比，这时天人从空中飞来撒药救活睒子，给了故事一个皆大欢喜的结局。与同时代的其他作品一样，北周的壁画擅长以平实的笔法描绘现实社会的场景，具有浓厚的生活气息，因而使睒子的形象仿佛邻家男孩一样让人倍感亲切。

莫高窟第299窟　主室窟顶
睒子故事之天神救睒子　北周

中国传统的二十四孝故事中，也有一个类似的故事叫“鹿乳奉亲”。春秋时期，有个叫郯子的人，他非常孝顺父母。他的父母年老时患上了眼病，想要喝鹿奶。郯子披上鹿皮，设法到深山的鹿群中去取鹿奶。刚好碰上猎人狩猎，差一点被猎人当成鹿射杀。幸好郯子机智，迅速脱下鹿皮表明身份，才免去一死。郯子孝顺父母的贤名，也从此传扬

莫高窟第299窟　主室窟顶　睒子故事　北周

开来。历史上郯子确有其人，是春秋时期郯国的国君。他讲道德、施仁义，治国有方。佛经中的睒子的故事，与鹿乳奉亲一样，也是一个宣传孝道的故事，两者在历史上曾经相互影响。孝顺父母是中国人的传统美德，睒子的故事流行，充分体现了外来的佛教为适应中国本土的特点，从原来倡导出世离家到宣传孝顺父母的转变。

雪山童子的追求

从前，古印度有一位喜欢清静的少年，他想摆脱人生的各种烦恼，坚持独自在雪山中生活，被人称作“雪山童子”。虽然是人迹罕至的雪山，但这里清泉流淌，到处都是草木鲜花，与鸟兽为伴，使人内心安宁。雪山童子每天吃野果、喝泉水，大多数时间用来学习和思考。别人觉得这样的生活枯燥乏味，把这种生活称为“苦行”。天上的神仙们看到雪山童子日复一日地苦行，不禁有些担心。在那时，凡是这样拼命苦修的，不是想求天神们赐予某种特殊能力，就是想登上帝释天掌管的天界，总之都是对天神们有各种要求。

一位天神说：“你们看这个人，他已经没有一点儿怒气，而且也从来不说一句粗话。”另一位天神说：“这个人这么刻苦修行，不就是想从天神这里得到什么吗？”还有一位天神说：“我看到过一些人，他们修行，不是为了钱财美女，也不是为了上天，而是希望能帮助世间所有的人摆脱烦恼。我觉得这个雪山童子，可能就是这样的人。”天神的领袖帝释天说：“我不相信世上有为了别人的幸福，让自己这么辛苦修

莫高窟第285窟　主室南壁　雪山童子结庐修行　西魏

行的人。虽然现在看起来雪山童子不贪恋世间的财富，但不知道他够不够有智慧。就算他人很聪明，也不能保证他能领会摆脱烦恼的真谛，更不知道他将来能不能帮别人获得幸福。”

帝释天想考验一下雪山童子，他立刻变成面目狰狞的罗刹鬼。他从天上降落到人间，在雪山童子修行不远的地方，用清新悦耳的嗓音唱了半句偈语：“诸行无常，是生灭法。”雪山童子听到这上半句话，就像快要渴死的人遇到甘泉一样，顿时觉得身心舒畅。是呀，这世界本来就是瞬息万变的！他心中的疑虑被瞬间打消，欢喜地举起双手，站起来四下打量，寻找是何方高人说出这些话。结果四周没有风度翩翩的智者，却冒出一个长相吓人的罗刹鬼。雪山童子几乎不相信自己的眼睛，他不敢相信这么有哲理的话是罗刹鬼说出来的。他觉得能说出这种话的人，一定有能力除掉世间一切的丑陋，怎么会长成罗刹鬼这么难看的外形呢。转念一想，也许这句话不是罗刹鬼自己想出来的，而是他见过懂得真理的老师，从老师那里听来的。

雪山童子向罗刹鬼行礼，询问道：“请问刚才那半句话是您说的吗？您是从哪里听到这句话的？我从来没听过这么有见地的话。”罗刹鬼说：“刚才的话是我说的，什么意思我自己都不知道。我已经饿了很多天，没有找到一点儿吃喝，饿得头昏眼花，稀里糊涂就说出那句话。”雪山童子觉得这半句实在太过精妙，继续恳求罗刹鬼说出下半句。雪山童子说：“老师，您的‘诸行无常，是生灭法’点醒了我，我知道这只是上半句，求求您把下半句也告诉我。如果您都教给我，我愿意一辈子当您的学生。”罗刹鬼故意傲慢地说：“你虽然聪明，但光想着自己，你不看看我都饿成什么样了，我哪有心思给你讲什么道理！”雪山童子忙问罗刹鬼都吃什么，他去准备。罗刹鬼说，还是不要多问了，他吃的东西很恐怖。雪山童子说这里没有别人，让罗刹鬼但说无妨。卖完关子，罗刹鬼坦白说，他是鬼，当然只能吃暖肉、喝热血。他兜兜转转很多天，发现世上的活人虽多，可都有天神保护，这么多天都没得手。

雪山童子立刻明白罗刹鬼想要吃他，坦然地说："您只要把后半句话告诉我，我愿意把自己给你当食物。如果没有领悟人生，就算哪天老死，也不过被虎狼禽兽吃掉，对自己和别人都没有意义。我在这里修行，就是为了获得摆脱烦恼的方法。听到您刚才讲的，我心里立刻明亮了。如果您能告诉我下半句，那我的血肉让您随便吃。"罗刹鬼说："你这话谁信呀？我不信这世上有人为了八个字，连命都不要。"雪山童子指天起誓，请天神们为他作证，只要能听到后八个字，他就任由罗刹鬼吃掉自己。罗刹鬼这下相信了，答应为他说后八个字。雪山童子高兴地解下身上的鹿皮衣，铺在一块平坦的大石头上，对罗刹鬼说："老师，您请坐！"罗刹鬼刚一落座，雪山童子就跪在他面前说道："只求老师把后半句说完，我一定兑现诺言！"罗刹鬼高声唱道："生灭灭已，寂灭为乐。"

话音未落，罗刹鬼看着雪山童子说："小家伙，我现在把道理说全了，你的愿望满足了吧？现在轮到你报答我了，你得兑现诺言，让我吃你的肉、喝你的血。"雪山童子听了后半句，觉得世间一切都是变化的，有生就有死，只有看淡一切并超脱生死，才能真正地摆脱烦恼。想到这里，雪山童子说："希望那些执着于索取和占有的人们，能明白我连身体都可以毫不吝惜！"他带着内心极大的满足，遵守了自己的诺言，爬上了很高的树，纵身从树上跳下。这时，罗刹鬼变回了帝释

莫高窟第285窟　主室南壁　雪山童子跳树自杀　西魏

天的样貌，施展法力，一跃而起，伸手从空中接住了他，将他平安地放到了地上。帝释天说 ：“你这样真诚善良的人，将来一定能够得到没有烦恼的幸福人生。”一众天神纷纷降落向雪山童子行礼，他们满意地点头看着这位少年，之后就化作云气消失在天边。

雪山童子的这个故事，在敦煌壁画中被称为“施身闻偈”，莫高窟现存此故事画共3例，分别见于西魏第285窟、隋代第302窟和晚唐第9窟。其中第285窟的为这一题材的代表作品，这幅画画幅不大，但情节完整，属于中原南朝风格。画中雪山童子和帝释天身形瘦削，是典型南朝文人秀骨清像的样貌。全图色调以白色为底色，景物和人物绘制得清新脱俗。帝释天原为印度婆罗门教大神因陀罗，后来被佛教吸纳成为护法神。这幅图中帝释天已经完全中国化，他衣袂飘飘，卓然超群，宛然魏晋名士。同样，这一来源于印度的佛教故事，也被描绘得像一段南朝文人隐士的生活。

莫高窟第285窟　主室南壁　雪山童子故事　西魏

学者儒童的奇遇

以前，在钵摩国里，有位勤奋好学的人，名叫儒童。他博览群书，上知天文，下知地理。对学过的知识，不仅过目不忘，还能融会贯通，可以称得上是钵摩国的著名学者了。一天，儒童的老师对他说：“你一直在正确的道路上前进，学习了丰富的知识，还通晓那么多技艺。为什么不去游历四方、增长见闻，也可以把学到的东西教给其他人呢？”儒童不好意思地对老师说：“我本来就很贫困，没什么钱，不能报答老师的教导，所以不敢轻易离开您。现在母亲又生病了，我也没多少钱给她看病，只好每天做杂活来支付药费。”老师说：“原来是这样，你做得很好！”

儒童听从老师的话，但也不敢远行，最多只到邻近的国家看看。一天，儒童路过一处很大的讲堂，这里聚集了五百位学者。里面人头攒动，堂中设高台宝座，台前站着一位美女，美女身边堆放了五百银钱。学者们共同约定，愿意坐上宝座的人，如果能回答众学者的问题并令大家信服，就可以获得座前的美女和钱财。儒童站在旁边看了一

莫高窟第61窟　主室南壁　儒童辞师　五代

莫高窟第61窟　主室南壁　儒童升座得胜　五代

会儿，发现大家的学问都不太扎实。稍微难一点的题目，宝座上的人就答不出来了，只见一个个上去又下来。儒童对学者们说：“我学过一些知识，我能坐上去加入你们的讨论吗？”众人点头同意，儒童就上台坐好，开始接受提问。

学者们以为很难的问题，对儒童来说都不难。他的知识面很广，回答得准确而且富有启发性。针对一个小问题，儒童还能揭示出问题背后的普遍规律。在场的人都佩服地说：“您的这般学识，完全可以给我们当老师！”大家纷纷向儒童行礼，儒童谦虚地说不敢当。学者们说：“您的智慧超群，可惜您是外国人，恐怕不能娶我们国家的女子。但我们要按事先说好的，把这些钱财送给您，请一定接受！”儒童回答说：“学识高深的人品德也应该高尚，我追求真知而无欲无求，哪里需要什么钱财？我要传播正确的知识，践行良好的品德。只有这样，才能将学问传承下去，并对子孙后代有益。今天摆在面前的这些钱财，会让人产生私欲而忘了求学的初心，也会斩断学术道德的根基。我要是接受了，就会成为求学者的坏榜样。”说完，儒童向大家道别，很快离开了这里。

学者们都感到很惭愧，讲堂中的女子被儒童深深打动，认定这位高尚的学者就是她一生想要追寻的正人君子。女子提着裙子跑出门外，儒童早已不见踪影。她四处寻访，经过了很多国家，整个人筋疲力尽，脚也受伤了，就坐在路边休息。这时，已经到钵摩国边境，刚好国王制胜巡视国界，看到女子一脸疲惫坐在树下。制胜王问她是哪国人，为什么在道路边。女子把她四处寻找儒童的来龙去脉一五一十地讲给制胜王听。国王赞叹她的勇气，也很担心她，就请女子跟他回宫，将女子认作自己的女儿。女子说："别人家的饭怎么可以白吃呢？如果大王您给我一份工作，我愿意听您差遣。"制胜王于是让她负责采集王宫所需的鲜花，从此女子每天都勤劳地采花献给国王。

儒童返回钵摩国后，看到路上的人都在平整清扫街道。他好奇地询问，百姓都这么高兴是国家有什么喜事吗？路人告诉他，最有智慧令人尊敬的学者定光将要来了，他要亲自给大家讲课，所以每个人都非常高兴。儒童知道后也很高兴，他安静地坐下，让自己能够心无杂念。得到学者定光已离王城不远的消息，儒童还是无法抑制激动的心情向城外跑去。半路，他遇到为国王采集鲜花的女子，她正抱着一个蒙住瓶口的大瓶子赶路。

儒童本来就想给定光老师送一些鲜花表示敬意，但制胜王一大早就命令全城把所有的名花都交给国王，只能由国王来献给学者定光。儒童的心意好像打动了天地，女子的瓶中露出青莲花的花瓣，儒童追着女子问能否把花卖给他几枝。女子想着花藏得好好的，怎么就让别人看到了，低头一看果然有几枝花从盖布中探出头来。女子紧张地说："这花不能卖，这是要交给制胜王用来献给定光老师的。"儒童说："我愿意把身上所有的钱都给你，只要卖给我五枝就行！"女子说："这花本来不值多少钱，你用这么多钱买花要干什么？"儒童说："定光老师学问高深，一直是我学习的榜样，我想买花献给他。"女子又问："那你想从定光老师那里得到什么？"儒童回答："学习知识，将来帮助别人摆脱无知。"

这时，女子认出了眼前的人就是她苦苦寻找的儒童。她对儒童说："花我可以送给您，但您要答应以后生生世世娶我为妻。"儒童惊讶地

莫高窟第61窟　主室南壁　儒童献花　五代

说："我一生追求学问，没想过娶妻生子，实在不能从命。"女子说若是儒童不肯，多少钱都不肯把花卖给他。儒童想了想，自己一向有求必应，也许眼前的这个女子确实遇到了困难。他告诉女子，自己生活清苦而且醉心学术，只要不干扰自己追求真知，可以答应生生世世娶她为妻。女子又对儒童说，自己是个弱女子，肯定挤不到定光老师的面前，但自己对有学识的人充满敬意，希望儒童献花时能替她也献上两枝。女子把七枝花郑重地交给儒童，又向他强调："感谢您答应我的要求，请您献花时记住对我的承诺，定光老师就是我们的证人。"

儒童接过花继续快走，终于看到国王、王后和百姓们都恭恭敬敬地站在路边。他跑过去向大家借了一点地方礼貌地等候着，当定光

莫高窟第61窟　主室南壁　儒童脱衣盖烂泥　五代

老师走过的时候，每个人都向老师抛撒鲜花。奇怪的是，包括国王在内所有人的鲜花都落到地上，只有儒童的七枝花停留在空中，其中五枝聚拢成花冠悬在老师的头顶，两枝分别停在老师的两边。定光老师没走几步忽然停住，原来前面有一条水流湍急的小溪，众人想垫块石头让老师过河，石头在水中却一直立不稳。儒童施展法术，让一颗小星星下来垫进小溪，又放置了几块平坦稳定的大石，但上面还是有许多烂泥。儒童就解开身上的鹿皮衣铺在烂泥上，发现还是有烂泥从鹿皮衣下冒出来，儒童一急，干脆解开发髻伏在地上，把自己的头发铺在上面。

定光老师见此情景非常感动，他从儒童的头发上走过，转身扶起儒童，预言儒童将来一定会成为举世闻名的大学者。定光老师说，这世上还有91种难题，他会帮助儒童获得答案。定光老师告诉在场的人，

莫高窟第61窟　主室南壁　定光预言儒童的未来　五代

不要再踩踏这块地方，应该在这里建一座塔，让这里成为学者们聚集的地方。而这时，烂泥和小溪都不见了，天空出现一众天神。有一个叫贤干的小朋友，他用小胖手在这块地上插了根小小的柴禾，说道：“我的塔已经立好了。”天神们看着贤干稚嫩的样子，感叹这个小朋友如此聪颖。天神们拿出各种宝物，真的在插着柴禾的地方建了一座宝塔，他们向定光老师行礼，也希望能受到定光老师的指导。定光老师说，每个人只要有一颗求知的心并勤奋刻苦，不管是像儒童这样已经有学问的人，还是像贤干这样懵懂的小童，将来都能成为真正的大学者，成为造福社会的有用之人。

儒童，又叫云童子、善慧仙人，实际上前面故事里的雪山童子也是他。敦煌莫高窟现存儒童故事画共两例，分别见于北周第294窟、五代第61窟，后者为这一题材的代表作品。第61窟的儒童故事采用屏风画的形式，描绘了儒童告别老师、升高座接受学者们的提问、为定光老师献花、用鹿皮衣盖住烂泥、接受定光老师教导等一系列情节。画中的儒童穿着一件绛红色饰白点的鹿皮衣，头发像冲天炮一样高高竖起，作为主人公的形象特别突出。壁画上的文字将他写成“云童子”，因为儒童故事有各种版本，所以在细节上也有很多差别。比如第61窟的云童子在高座讲法后，就接受了事先给胜利者准备的财物。但其中“以发布地”是所有版本里都强调的，也是儒童故事中最重要的情节。

流水父子救群鱼

从前，有一位天自在光王，他很会管理国家，治下的百姓孝顺父母，家庭和睦。在这个国家里，有一位叫持水的名医，家中生了一个儿子起名流水。流水一出生就长得惹人喜爱，长大后更是聪明好学，不仅学识渊博，还精通各种技艺。这一年，国内忽然流行起一种罕见的传染病，每天都有数不清的百姓被感染。看着病人们在痛苦中挣扎，流水心里非常难过。他想：“这么多人都染了病，我父亲虽是能够救治各种病痛的名医，但他年事已高行动不便，就算拄着拐杖勉强出门，也没力气走到那么多城市村落给人看病。那些生病的人，病情越来越重，得不到救治。我现在必须拜见父亲，向父亲要来治这种病的药方，然后去各地救治病人。”

流水来到父亲门口，给父亲磕了个头，然后请父亲教自己如何行医。父亲果然精通医理，他分一年四季的不同情况把治病的要诀进行了总结，重点讲解了每一个季节的多发疾病和医治方法。流水经过认真刻苦的学习，掌握了当时医治各种疾病的方法。流水走遍城市和村落，告诉病人们自己是医生，可以治疗大家的病痛。那些轻症的病人，听到了这个喜讯，病立刻好了一大半。那些重症的病人，纷纷前往流水的住处，流水为他们对症下药，很快就药到病除。就这样，流水根据父亲传授的方法，迅速治好了众多病人，全国上下没有人再受病痛的折磨。人人都尊敬爱戴流水，并送给他“大医王”的称号。

后来，流水娶了一位名叫水空龙藏的妻子，生了两个儿子，一个叫水空，一个叫水藏。有一次，流水像往常一样领着两个儿子到各个城市和村落出诊。他们走着走着，远远望去前面好像有一大片湖泊。这时，他们看到很多肉食动物都朝那边跑去，流水非常纳闷，不知道前面发生了什么。他跟在一群动物后面，想一探究竟。走到近前，才发现原来大湖的水快被晒干了，湖里却还有很多鱼在挣扎，鸟兽们都赶来等着水干抢鱼吃。流水见到这种情景，觉得那些将死的鱼真是可怜。

莫高窟第55窟　主室东壁
金光明经变之鸟虎吃鱼　北宋

这时，湖旁一棵树上显露出树神的上半身，他探着脑袋对流水说：“这位好心的先生，鱼儿就等着你给它们水呢。你名字叫流水，其实有两个意思，一个是能流动的水，另一个是给别人水，让水流到一处。你应该按你名字的意思去做一样的事啊！”流水问树神：“这里有多少鱼？”树神回答：“足足有一万条。”“这么多啊！”流水听后更加同情这些生命。这时太阳还在暴晒，湖里的水越来越少，一万条鱼都将干死。鱼儿们似乎也把流水当成最后一根救命稻草，它们眼巴巴地看着他，他走到哪里鱼儿就跟到哪里，眼睛望向他不肯离开。

流水急忙查看周边，没有找到水源。他四处张望，在岸边的大树上取了些枝叶，盖在湖心上遮挡太阳。他琢磨这湖里的水，原来一定是从哪里汇聚而来的。他在近处没有找到水源，只好跑得更远一点，确实发现了一条叫水生的大河。原来有很多贪心的人，为了捕捞湖里的这些鱼，在上游狭窄的地方掘开河道，不让水再流进这个湖。决口处在非常危险的地方，预计修补还需要很多时间，就算成百上千的人一起修上九十天也完不成，何况现在只有流水父子三人。

流水带着儿子赶快跑回王城，双手合十向国王陈情，希望国王能够借二十头大象用来驮水去救鱼，他说这就好比他救那些病人的性命

莫高窟第55窟　主室东壁　金光明经变之借出大象　北宋

莫高窟第154窟　主室南壁　金光明经变之以象驮水　中唐

一样。国王命令大臣马上提供大象，大臣传达国王的命令，让流水去象厩里挑选最好的大象，称赞他救鱼是造福众生的好事。流水和两个儿子赶着这二十头象，又借来装水的皮囊，奔向大河上游决口处装水。大象们驮着水囊奔向即将干涸的大湖，父子同心协力将水倒入湖中，一趟又一趟不停地注水，大湖终于恢复了原来的样子。

流水可算松了一口气，在池塘边如释重负地走着，那些鱼儿们还跟着他沿着岸游动。流水想："鱼儿们为什么还是一直跟着我？哦，它们怕是饿了，又在向我要吃的了。我今天还应该给它们喂食。"他叫来两个儿子，让他们坐最有力气的大象，返回家里告诉爷爷他们救鱼的事，把家中所有吃的东西，都用大象驮过来。两个儿子很快就满载着食物回来了，流水开心地将食物撒入湖中喂鱼。看到鱼儿都吃饱了，流水带着两个孩子高高兴兴地回家去了。

后来这一万条鱼命终升天，竟然转世成天上的仙人。一天，流水宴请宾客，喝多了酒，深夜醉卧高楼。忽然大地震动，一万仙人从天上来到人间，他们把大量的珍珠瓔珞放到流水的身边，来报答流水当年的救命之恩。这时，天空中下起了曼陀罗花雨，响起了美妙的乐声，早已进入梦乡的人们都慢慢醒来，流水也一样从梦中苏醒。第二天，连天自在光王都惊奇地问大臣们，昨晚为什么天降异象，大家都说昨晚有很多仙人飞到了医王流水的家里，还留下了大量的珍宝和鲜花。国王半信半疑，派人到流水家问个究竟。流水回复说那些仙人是之前自己救活的鱼群，现在这些鱼儿们肯定是死后升天了。流水让儿子到当初的大湖边看看，果然一条鱼都没有了，湖心中还有一座曼陀罗花堆成的小山。天自在光王听到这样的奇闻，也称赞医王流水救人救鱼的美德。

流水父子救鱼早期作为独立的故事画流行，唐代及以后作为金光明经变的一部分内容出现，以隋代莫高窟第417窟和北宋莫高窟第55

莫高窟第417窟　主室窟顶　流水父子救鱼　隋

窟的作品为代表。第417窟为横卷式，包括流水携子外出、见到肉食动物奔跑、灌水救鱼、回家取食物、驮来食物、仙人报答流水、二子探湖回报等情节。隋代此图承袭北朝遗风，画面简单却形象生动，极富表现力。第55窟为条幅式，由下而上描绘了流水携子外出、见野兽吃鱼、向国王借象、以象驮水、灌水入湖、折枝盖湖等一系列情节。画面情节条理分明，榜书清晰，通俗易懂，在同时代故事画中属上乘之作。

善良的九色鹿

很久以前，印度北方有一只神鹿。它头上的鹿角像雪一样洁白，身上的皮毛呈现九种颜色。它在山林间寂静穿梭，不为世人所知。这只九色鹿渴了饿了，就在恒河边饮水吃草。一只小乌鸦是它的好朋友，它们经常在一起，过着自由自在快乐的生活。一天，有人失足掉进了恒河，恒河水流湍急，那人无法摆脱，被卷携着冲向下游。生命危在旦夕，他在河中拼命挣扎，无望地大声呼救。美丽善良的九色鹿，本来习惯神隐的它，不能暴露在世人面前。但听到溺水人的呼喊声，那颗善良的心，再也忍受不了这样的煎熬。救人，其他的先不管了！它跳进河里，将溺水人驮在自己的背上，让溺水人抓住它的鹿角。毕竟是神鹿，三两下就游到了岸边。溺水人惊讶地发现一头神奇的鹿救了自己，感激涕零地想要给九色鹿为奴为仆作为报答。九色鹿多么正直善良，当然不要什么报答。它告诉溺水人，世人想要它的皮毛和鹿角，千万别说见过它就行。溺水人跪在地上磕头说，绝对不会说出半个字，就带着一颗充满敬意和感激的心回家了。

莫高窟第257窟　主室西壁　溺水人跪谢九色鹿　北魏

莫高窟第257窟　主室西壁　溺水人告密　北魏

没过多久，这个国家的王后做了个美梦，她梦见一头皮毛九色、熠熠发光的神鹿。这鹿简直太漂亮了，怎么看都和自己特别配。她醒来后就开始装病，国王一听王后病了，急忙来看望。王后撒着娇搂着国王的肩膀，翘起一只小脚丫，把自己的梦告诉了国王，说咱们国家肯定有这样一头鹿。她就想用这头鹿的鹿皮做坐垫，用鹿角做拂尘的手柄，否则她就要病死了。国王呢，心里也是好奇，哪会有这么好看的鹿呢？不过，只要是王后想要，就没啥不行的。国王颁布告示说，如果谁能找到这头九色鹿，就把一半的国家和满钵的金银奖励给他。

溺水人听到这个消息，真的再也坐不住了。他确实见过九色鹿，半个国家，乖乖，普通人哪里敢想啊！溺水人进了王宫，向国王禀报他知道九色鹿的栖息地。国王大惊，王后大喜。“原来还真有这样的鹿，快带我去！”国王率领浩浩荡荡一队人马，出城去捉九色鹿。国王和侍从骑着马走在前边，后面的人驾着一辆马车跟随着，溺水人一路小跑给国王指路。

一行人进入山中，九色鹿正在休息，没有察觉，它的好友乌鸦唤醒了它。九色鹿醒来时，溺水人已经带着国王站在它面前。面对来势汹汹的对方，九色鹿似乎明白了什么。也许在它帮助这个溺水人的时候，就想到会有这样的结果。它很坦然，挺立着身体，走向国王。国王的马看到这样的神鹿，也不由得低下头去。九色鹿开口说话了，国王没想到一头鹿竟然能讲人话。九色鹿诉说了救人的整个过程，还有溺水人对它的承诺。国王深受感动，在自己的国家居然有这样善良的神鹿。他立刻宣布：“从今往后，如果有人敢加害九色鹿，就杀了他全家！我要把九色鹿保护起来，让整个国家都明白善良正直应该受到尊

重。”就在这时，溺水人因违背了自己的诺言，他还来不及缩回指着九色鹿的手，突然间就口吐白沫，全身生出白疮，这个告密者终于恶有恶报。

莫高窟北魏第257窟西壁绘制的九色鹿故事画，在佛经中被称为“鹿王本生”，是整个敦煌壁画中的唯一一例。画面采用横卷连环画的表现形式，按两头开始、中间结束的特殊顺序布局绘制。左一为九色鹿救起溺水人，图中一人骑在鹿背上，紧抱鹿颈，九色鹿从水中将其驮出。左二溺水人跪在九色鹿面前，向其许诺保守秘密。右一为王后向国王撒娇要捕猎九色鹿，图中国王与王后坐在宫殿之中，王后以右臂揽国王肩膀，扭头朝向国王，一只脚丫翘起外露，撒娇之态跃然画上。门外，溺水人正背信弃义向国王告密。右二为一人驾马车，国王和王后在溺水人的带领下前往山林围猎九色鹿。画面中部是国王等人惊醒了沉睡中的九色鹿，九色鹿毫不畏惧，向国王痛诉溺水人的忘恩负义。在国王和侍从身后，是手指九色鹿居处的溺水人，这个告密者

莫高窟第257窟　主室西壁　九色鹿故事　北魏

满身白点，表现他全身生疮、恶有恶报。1981年，敦煌壁画里的九色鹿故事被上海美术电影制片厂搬上银幕，成为20世纪80年代最著名的动画片之一。九色鹿从此成为无数孩童心中正直善良的化身，影响了一代又一代中国人。

大力毒龙的心愿

传说在古代印度，有一种神奇的动物那伽，那伽的原型其实是眼镜王蛇，汉语管它们叫毒龙。当时的印度人认为这种动物很有威力，于是有了很多关于毒龙的神奇故事。在众多那伽中，有一条最厉害的大力毒龙，它全身充满毒气。如果它出现在人的面前，身体弱的人看一眼就会被吓死，就算是身体强壮的人闻到它散发出的毒气也会很快死去。这条毒龙心地却很善良，它不想伤害别人，宁愿独自在密林深处生活。大力毒龙每天都努力地克制自己，它最大的心愿就是有朝一日能像其他小动物一样，成为一个无害的生灵。它知道只有这样，才能够自由自在快乐地生活。

有一天，疲惫的大力毒龙在林中睡着了，它展开的身体看起来就像一条大蟒蛇一样。它的蛇皮呈现出美丽的花纹，散发出宝石一样的光泽。正好有六个猎人进山捕猎，当他们发现睡在地上的大蛇时，惊喜地捂住嘴巴悄悄地说："这么好看稀有的蛇皮，如果剥下来献给国王做衣服，一定能换来很多赏赐！"猎人们于是用棍杖按住龙头，开

莫高窟第79窟　主室西壁正龛　剥蛇皮　盛唐

始残忍地用刀剥蛇皮。

这时，大力毒龙已经疼醒了，它眯着眼睛瞄了一下周围，立刻明白发生了什么。它心里想："我力大无穷，就算掀翻这个国家也不成问题，这几个小小的凡人，哪里能威胁到我！我如果睁眼或者出气，这些人恐怕都会立刻毙命。但是我自己许下诺言不去害人，这次就先忍忍好了。"大力毒龙紧闭双眼，屏住呼吸，忍着一刀刀割在身上的痛苦，直到猎人们把它的皮全部剥完带走。正好这天太阳暴晒，失去皮肤只剩下血肉的大力毒龙在土中挣扎，它蜿蜒爬向水塘，想避免被晒干的命运。这时一群小虫向它爬来，它怕自己的毒气害死这些小生命，只好又一次僵在地上不动。小虫们一点点啃食着它的身体，最后太阳终于把这条毒龙晒干了，这具躯体完全失去了生命的迹象。忽然，一朵祥云从大力毒龙的身体中飘起。祥云越升越高，消失在天际。原来，大力毒龙已经彻底脱离了蛇身，它变成神仙升到了天上，从此再也不用担心自己会伤害到别人。大力毒龙总算实现了心愿，成为神仙的他不

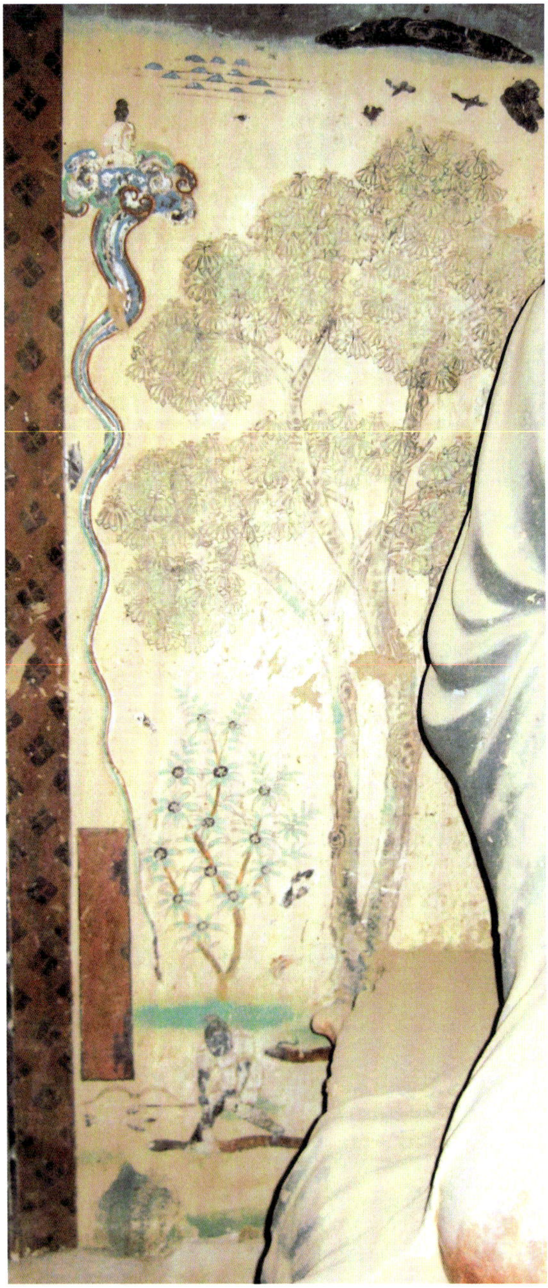
莫高窟第79窟　主室西壁正龛　大力毒龙故事　盛唐

仅可以自在地生活，还可以帮助更多善良的生灵。

敦煌莫高窟的大力毒龙故事画仅有1例，位于盛唐第79窟西壁正龛龛内，以屏风画的形式表现。画面主体为一大一小两棵树，小树下似有一汪清水，人物主要位于屏风南侧。清水下方露出一红色有冠的大蛇，其前方猎人正用大刀剥一条大蛇的皮，红色的蛇皮正剥至一半，露出大蛇上半段白色的肉身。旁边的地上，放着猎人的一弓三箭。一朵祥云从树下清水侧缓缓升起直至大树的树梢，云上端坐一人，全为背影。这个故事最重要的两个情节就是猎人剥皮和成仙升天，壁画就以这两个典型情节来表现整个故事。

悉达多太子出家

从前，天上有一位能仁菩萨，他很想到人间去帮助众生。他细心地观察凡人的世界，觉得迦毗罗卫国净饭王夫妇最适合做他的父母。这天，王后摩耶夫人梦见有人乘着一头六牙白象从空中飞来，天空中鼓乐齐鸣、散花烧香，白象投入她的怀中又突然消失。梦醒后，她向净饭王讲述了梦境。净饭王觉得这个梦不同寻常，召来相师为王后占梦。相师听了摩耶夫人的描述，对净饭王说："王后的这个梦大吉大利，一定是有仙人投胎到王后腹中，将来生出来的王子，如果继承王位能成为人人拥戴的转轮王，如果出家的话则能成为度化十方的佛陀。"国王夫妇听了相师这番话，都非常高兴，周边小国得知后也前来朝贡祝贺。自从王后有孕，国王对王后更加悉心照料。

王后怀胎十月将满，按照印度女子在娘家生产的习俗，她的父亲善觉长者派人迎接摩耶夫人回家分娩。净饭王令人将通往王后娘家提婆陀诃城的道路平整扫洒，在地面铺洒上花瓣，使王后坐在大白象驮着的宝帐之中，派了数万车马、数万侍女和卫士护送王后回娘家。善

莫高窟第322窟　主室西壁正龛　乘象入胎　初唐

觉长者带领家眷出城迎接，并带女儿先到专门为她营建的蓝毗尼园游览。蓝毗尼园中种满奇花异草，摩耶夫人闻着花香来到波罗树下，她举起右手攀执低垂的树枝时，太子从她的右腋下出生。摩耶夫人没有感到任何生产的痛苦，只见天神帝释天展开一件细纱天衣，将太子接住转交四大天王。四大天王将太子抱到摩耶夫人面前，所有天人们都欢喜赞叹。

太子出生后不像其他的婴儿，他不是躺在襁褓中哇哇大哭，而是立刻就能站立、走路。他向四方各走了七步，步步生出莲花。太子一手指天、一手指地，宣称“天上地下，唯我独尊”。众人想为太子洗浴，摩耶夫人面前自然涌出一冷一暖两处泉水。天空中又出现九条龙，龙

莫高窟第290窟　主室窟顶　树下诞生　北周

莫高窟第290窟　主室窟顶　九龙灌顶　北周

口中分别喷出冷水和暖水。太子身着犊鼻裈，九条龙于左右并头上围绕着太子，自上而下喷水于太子身上，太子沐浴后身心清净。

太子诞生之后，世界上出现了各种神奇的景象，包括大地震动、丘墟皆平、巷道白净、陆地生莲、臭处变香、枯树生叶、园生奇果、七宝自现、衣裤满架、川流澄清、风停云散、普降香雨、马生白驹、黄羊生羔、明月神珠、夜如白昼、众星不行、沸星下观、宝盖覆宫、神送宝车、佳肴自生、瓮盛甘露、天神送宝、白狮入城、婇女自现、龙女绕宫、玉女执拂、玉女执香汁金瓶、天乐齐奏、刑狱废弛、毒虫隐伏、渔猎生慈、孕者生男、树神出现等。其中的“臭处变香”本来

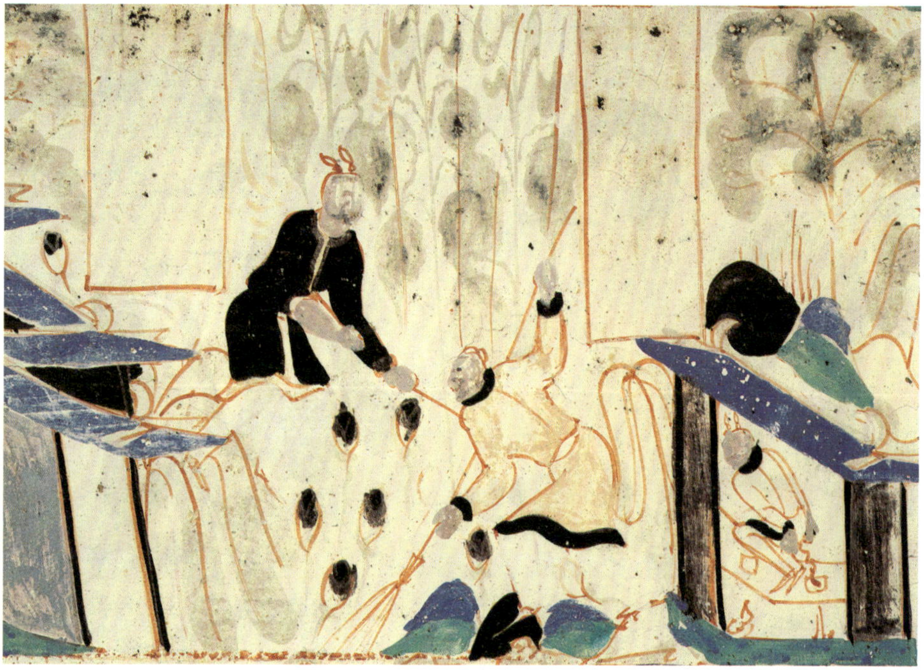

莫高窟第290窟　主室窟顶　巷道白净、陆地生莲、臭处变香　北周

是极难描绘的情节，壁画中用一个如厕的画面进行表现，由此保留了一千多年前厕所的真实图像。

有一位名叫阿私陀的修行者，因为神通广大，被净饭王尊为国师。这天半夜他觉得天地都在震动，又见香山优昙钵花中生出狮子王。阿私陀心想："出现这些不同寻常的景象，一定是世上有卓尔不凡的圣人降生。"天刚蒙蒙亮，他就飞往迦毗罗卫国，在国都20千米外忽然落地，他意识到圣人降生的地方就在这里。阿私陀步行到宫门前，侍卫向净饭王报告国师求见时，国王非常吃惊，因为国师平时都是直接飞进来的。净饭王沐浴更衣后恭敬地来迎接国师，国师问起国王是否新得了

莫高窟第290窟　主室窟顶　阿私陀占相　北周

莫高窟第61窟　主室西壁　太子学艺　五代

一位太子。国王忙让侍女抱出太子，让国师好好看看。国师郑重地抱过太子，先是哽咽落泪，然后又满意地笑了。净饭王疑惑地问国师为何又哭又笑，国师对净饭王说："太子的相貌极好，将来必成大器。可惜我福分浅，七天后就要死了，无法等到太子成佛的那天了。"国师为太子起名"悉达多"，意思是"智慧"。

净饭王从国师嘴里得知太子将来会离家修行，想尽办法让太子愉快生活，不要有离家的念头。国王为太子修建了春、夏、秋、冬四座宫殿，还派五百个侍女照料太子的生活。太子出生七天后，他的母亲摩耶夫人就去世了，太子由姨母波阇波提继续抚养。小太子虽然衣食无忧，但也不喜欢热闹，更愿意一个人独处。国王常常向侍女们询问太子的情况，知道太子喜欢安静后非常担心。净饭王召集群臣商量，有大臣说应当让太子多读书。国王带太子去见老师毗奢蜜，刚刚八岁的太子见到老师就问，世上有64种典籍，老师要教他哪一种。老师听了心里又高兴又惭愧，因为太子说的很多典籍他闻所未闻。悉达多太子和五百个贵族子弟一同进入学堂，开始读书识字学习文化知识。悉达多太子进步很快，净饭王又决定请老师教授太子武功、兵法。大臣们推荐精通29种兵戎法式的忍天来当师父，没想到太子不学自通，精通了腾跳白象、跳坎跃马、跨越马车、射妙走疾、擎钟扑象等全部技艺。忍天的一身好功夫都用来教授其他五百个学生，可太子的技艺却远在众贵族子弟之上。

一晃到了十七岁，悉达多太子还是整天闷闷不乐，一心想着出家修行。净饭王只好又召集群臣商量，一位大臣说太子现在年纪也不小了，应当为他娶妻成家，这样可能就不会再想着出家了。净饭王想，

莫高窟第61窟　主室西壁　净饭王为太子求妃　五代

如果他不与太子商量随意指婚，太子可能会更不高兴；如果告诉太子要为他娶亲也可能会被直接拒绝。净饭王想来想去，终于想到一个好主意。他在宫门前堆放了许多宝物，命令城里的未婚女子都来领礼物，并让太子亲手将宝物一一送给她们，暗中观察太子中意哪家的姑娘。别的姑娘都不敢正视太子，只有大臣摩诃那摩的女儿耶输陀罗与太子一见如故。因为耶输陀罗来得太晚，太子此时已无宝可送，就干脆脱下自己的指环送给她。净饭王心里欢喜极了，马上派一位国师到摩诃那摩家求婚。摩诃那摩说，按照家族传统，迎娶耶输陀罗的人必须文武双全、超出常人，否则不能同意。国师将此话转告净饭王，太子答应父王，要与他人竞技。净饭王下令，让全城的青年男子与太子比试技艺。

悉达多太子和调达、难陀等五百个贵族子弟准备一起出城比试。调达最先看见一头大象塞住城门，他仗着自己力大无穷，一拳就将大象打晕。难陀随后而至，赶紧把大象拖到道路一侧。太子最后到来，见到大象心生怜悯，将它举到城外，大象立刻苏醒过来。到达了竞技场，调达最先与众力士摔跤，没有人是他的对手。之后难陀上场，轻易就将调达摔晕了过去。在脸上洒了些冷水，调达才苏醒过来。这时轮到难陀与悉达多太子比试，可难陀说他与太子比起来，简直就像一粒小芥子与须弥山相比，还没动手难陀就主动认输了。之后开始比赛射箭，

莫高窟第290窟　主室窟顶　掷象与摔跤　北周

每十里设一面铁鼓作为箭靶，一共安装了七面铁鼓。来人中那些有名的神射手，射出的箭连一面铁鼓都穿透不了，调达的箭穿透第一面鼓、扎在了第二面鼓上，难陀比调达多射穿一面鼓、扎在第三面鼓上。太子拉了几张竞技场的弓，还没拉满就断了，就命人取来先祖传下来的大弓。他拉开大弓，第一箭就将七面铁鼓射穿，第二箭穿过七鼓击破地面涌出泉水，第三箭穿过七鼓直接插上铁围山。

悉达多太子在比赛中大获全胜，一路击乐歌赞回宫，这时耶输陀罗和五百侍女正站在城楼上观望。太子取下身上的璎珞朝城楼抛去，正好稳稳地落在耶输陀罗的脖颈之上，城楼上的众女子都拍手称奇。太子不仅抱得美人归，耶输陀罗还陪嫁了众多伎乐侍从，日夜娱乐。但太子还是不喜热闹，仍然常常一个人独处，身体也日渐消瘦。父亲净饭王越看越担心，又为太子纳妾、增派宫女。直到太子府的美女已达六万人，太子仍然不予理睬，还是每天独来独往，一心想离家修行。净饭王见状十分忧虑，与大臣们商议后，决定让太子出宫游观，也许太子看到自己的国家百姓，就会产生治国理政的想法，不会再想着出家了。

净饭王安排悉达多太子出宫游历，并命人将街道清理得干净整洁，太子一行浩浩荡荡来到王城东门。东门的道路旁坐着一位老人，他满头白发、牙齿脱落、脸上布满皱纹、弯腰驼背，浑身散发出难闻的气味。太子得知人上了年纪会变得这么肮脏丑陋之后，心中更加苦闷。过段时间，太子又来到王城南门，南门的道旁躺着一位病人，他身瘦肚鼓、皮肤焦黄、咳嗽呕吐、身体溃烂、双目失明、双耳失聪，两手在空中乱摸，口中呼喊着父母妻子的名字，却没人理睬他。太子得知这就是

莫高窟第290窟　主室窟顶　箭射七鼓　北周

莫高窟第61窟　主室西壁　太子迎妃　五代

莫高窟第275窟　主室南壁　太子遇老人、出家人　北凉

病人后，感慨地说自己贵为太子享尽富贵，但却躲不掉疾病，哪天得了病跟这个人也没有两样。又过数日，太子来到王城西门，正好碰上死者出殡，一家人扶着灵车一路啼哭。太子得知这就是死亡后，感叹无论贵贱最终都逃不过一死。后来，太子又到了北门，在这里他看到了一位衣着简朴整洁、手托饭钵、神情安详的出家人。他立刻被出家人神采奕奕、自在前行的状态所吸引，听说出家人可以远离烦恼之后，太子出家的决心更加坚定了。

每次悉达多太子回宫，净饭王都向随行人打听太子的情况，太子见过老人、病人、死人后还只是闷闷不乐，这次见到出家人后竟然茶饭不思。净饭王急得捶胸顿足，又召集群臣商议如何让太子打消出家的念头。有大臣建议，可以让太子去巡察全国的农田，或许太子看到农人耕作会喜欢上农事，也许就不想出家了。太子来到田边，安静地坐到阎浮树下，他看见农夫犁地时翻出小虫，见到了鸟吃小虫、蛤蟆吃蝉、蛇吃蛤蟆、孔雀吃蛇、鹰吃孔雀、雕鹫吃鹰一连串生物相食的情景。太子看到世间众生自相吞食，心里觉得这世上的生命真可怜，这时他在阎浮树下禅坐静思，体会到了出家人的心境。这天太阳特别大，大树似乎都有了灵魂，弯过树枝为太子遮阳。

悉达多太子这次回宫之后，已经明白修行讲究清净，在家是不可能实现的，应该离家去山林中修行。十九岁这年的四月初七后半夜，太子看到空中的天神们劝他出家。太子妃耶输陀罗也忽然从梦中哭醒，她告诉太子自己梦见大山崩塌、明月坠地、珠光忽灭、发髻散落，连平时打在头顶的华盖都被人抢走了。太子心想，妻子的梦是暗示自己要离开她了。他安慰太子妃说："你看山没有崩塌，月亮还在天上，一切都好好的，你安心睡吧。"太子看着熟睡的妻子和华丽的宫殿，想起这一切都是过眼云烟，终逃不过生老病死的自然法则。

悉达多太子走出宫门，唤来马夫车匿，让他为自己备马。车匿问

莫高窟第290窟　主室窟顶　太子决心出家　北周

太子："天还没亮，这是要去哪里？"太子说："你知道我不喜欢现在的生活，这次我要达成心愿。"可是马儿也不听话，一直跳来跳去，连车匿都无法接近。太子走过去拍了拍马背，对马儿说："我心意已决，你乖乖让车匿装好鞍，送我离开。"马儿想一定要用力跺地，惊动宫人来阻止太子。这时四位天神托住四只马蹄，让它发不出声响。马儿又想大声嘶叫惊醒众人，可天神施法术让声音分散到了空中。太子上马后，来到城门前，一位天神拦住他说："迦毗罗卫国，国富民强，您为什么要舍弃自己的国家和百姓？"太子说："人生无常，逃不掉生老病死，我想去寻找真正摆脱烦恼的方法。"于是城门自开，太子乘马飞奔而去。

莫高窟第329窟　主室西壁正龛　夜半逾城　初唐

天亮时，悉达多太子已远行四百八十里，来到阿奴摩河边。太子解下头上的宝冠、脱下璎珞，命令车匿带着这些东西牵马回去。马儿跪在太子面前，边流泪边舔太子的双脚，久久不肯离去。车匿担心太子一直衣食无忧，无法独自在这毒虫猛兽横行的山林中生活，请求太子让自己留在身边。但太子拒绝了他的请求，车匿痛哭，牵着马儿离开，回宫后将太子已出家修行的事禀告了国王和太子妃。太子妃奔跑到宫殿外，抱着马儿的脖子哽咽起来，净饭王也悲泣不止，国人知道了也十分感伤。

悉达多太子独自前行，没了身上那些华丽的装饰，没有家庭的牵绊，他内心感到无比轻松。他摸摸自己茂密的头发，才想起离宫时实

莫高窟第290窟　主室窟顶　车匿辞别太子　北周

莫高窟第290窟　主室窟顶　车匿还国　北周

莫高窟第61窟　主室北壁　村女献乳糜　五代

在仓促，连一把剃刀都没有带。这时帝释天从天而降，为太子剃发，之后捧着太子的头发返回天宫。太子来到摩揭陀国，从国都王舍城左门入、右门出，百姓见到容光焕发的太子，都以为他是天神，凡是见到他的人内心都充满莫名的喜悦。太子在城门外路旁的一棵树下打坐，百姓们个个前来围观。摩揭陀国的国王频婆娑罗觉得这城里忽然变得异常安静，仆人告诉他有一位出家人刚刚穿城而过，这位出家人外貌像天神一样，城中的百姓纷纷追出去看热闹，到现在都没有回来。

频婆娑罗王很好奇，他带上大臣们，也想看看这位出家人到底长啥样。出了城门，果然见到光彩照人的悉达多太子，禁不住问太子是哪里来的神仙？太子报出自己的祖国和父母的名字，频婆娑罗王立刻意识到眼前这位就是闻名已久的悉达多太子。早听说悉达多太子一出生就与众不同，将来一定会君临天下成为四海之王，如今为何放弃权势富贵要出家苦行？太子说人生免不了生老病死之苦，到时无人可以替代，不如出家修行寻求内心的宁静。频婆娑罗王十分佩服太子有这样的志向，祝愿太子早日找到摆脱人生烦恼的方法，并在将来把这些方法先传授给他们。太子继续向前走，他忽然想起自己身上还穿着金线织成的衣服，他想起世上的人贪图财宝为贪欲所苦，刚好碰到一位穿着粗布衣服的猎人，于是太子与猎人互换衣服后走入山林。

悉达多太子坐到菩提树下，像其他出家人那样开始静坐冥想，每天只吃一麻一米维持生命。这样坚持了整整六年，他瘦得皮包骨头奄奄一息。这时，太子虽然觉得远离烦恼内心平静，但身心并不愉悦，他开始怀疑这种苦修的方法是否可行。一位牧牛女受天神启示，煮好乳糜来献给太子，太子食用后恢复了气力，走到尼连禅河边将身体清

莫高窟第254窟　南壁　降魔成道　北魏

洗干净。他继续向前走，坐在一堆吉祥草上，重新专心思考，终于想出烦恼产生的规律与断除烦恼的方法。

这时，悉达多太子眉间放出光亮，照亮了地下魔宫的大殿。魔王波旬害怕极了，决定先派自己三位美貌的女儿去诱惑太子，以阻止他对人生的思考和觉悟。太子一眼看透了魔女们的意图，告诉她们现在虽然青春貌美，但终是免不了变老变丑。此言一出，三个美貌的魔女立刻变成了老太婆，只见她们头发花白、牙齿脱落、双眼无神、弯腰驼背，只好拄着拐杖、相互搀扶着返回魔宫。魔王见状大发雷霆，立刻召集魔军魔将，变成各种野兽鬼怪前去袭击太子。只见太子完全不受干扰，伸出右手按了下地面，整个大地顷刻剧烈震动，魔王魔众立时溃败昏厥。太子重新入定，体悟了摆脱人生苦恼的真理——四谛。四谛，就是在发现烦恼的根源后，通过修行彻底摆脱烦恼的方法。历史上把这一事件称作“降魔成道”，从这一刻开始，悉达多太子才成为释迦族的圣人“释迦牟尼”。从此以后，他逐渐建立起自己的哲学体系，成为古代印度最著名的哲人之一。

释迦牟尼就是人们通常所说的“佛陀”，所以描绘他生平的这些壁画被称为“佛传故事画”。敦煌莫高窟现存佛传故事画共22例，分别见于北凉第275窟，北魏第254、260、263、431窟，北周第428、290、294窟，隋代第278、280、283、397窟，唐代第57、209、283、322、329、375、386、112窟，五代第61窟，宋代第454窟。在这些作品中，有的表现释迦牟尼一生完整的事迹，有的表现其中某一代表性事件，绘画形式包括单幅式、连环画式和屏风画式。其中，又以北周第290窟和五代第61窟为代表，前者为连环画形式，总面积近7平方米，包括80多个情节；后者由33扇屏风画连接而成，总面积达45.8平方米，共有128个情节。由于这一题材前后延续时间长，可以看到最早北凉时期主要以西域传来的艺术风格为主，人物装束具有明显的外来因素。从北周开始则逐渐本土化，虽然是描绘印度的故事，但人物场景日渐演变为当时中国本土的风貌。

四弟子的神通

王舍城是古印度摩揭陀国的首都，国王频毗娑罗敬佩释迦牟尼的学识，特意在王舍城修建了一座精舍给释迦牟尼和弟子们长期居住。越来越多的王舍城百姓喜爱释迦牟尼的人生哲学，纷纷成为释迦牟尼的学生。这一天，释迦牟尼最有神通的四个弟子阿那律、大迦叶、目犍连和宾头卢一起商量说："现在王舍城的人差不多都接受了师父的学说，咱们看看还有谁不愿意相信的，我们可以一起去度化他们。"很快，他们发现城中的跋提长者和他的姐姐还没有听过释迦牟尼的课，而且对僧人们也不太友好。

阿那律、大迦叶和目犍连三人自信地说："我们去度化跋提长者！"跋提长者是城里的大富之家，他们家的门就有七重，家中还有三支乐队。每次家里开饭前，就把七重门都关上，吃饭时让乐队来表演助兴。这天，跋提长者正在吃午饭，阿那律忽然出现在他面前，托着饭钵向长者乞食。长者吃惊地问："您是从哪里进来的？"阿那律回答说："当然是门呀！"长者询问家里的守门人，守门人说七重门都一直紧闭，没放任何人进去过。长者将一片麻饼放进阿那律的钵中，阿那律谢过长者后转身就不见了。吃晚饭时，又有人突然出现向长者乞食，跟前面的情况一模一样，七重门紧闭也不知道怎么进来的，只不过这次来的人由阿那律变成了大迦叶。这次刚好长者的姐姐也在，她把食物放进钵中之后，向大迦叶询问来此乞食的缘由。

姐姐告诉长者："中午来向你乞食的是阿那律，他是释迦族的子弟，是放弃了王公贵族的享乐生活出家学习的；晚上来的是大迦叶，他是摩纳族的子弟，也是放弃了大富之家的田地产业自愿出家的。他们说之所以来见你，是想把他们的学问教给你。"得知阿那律和大迦叶愿意放弃原来奢侈的生活，过现在僧人们清苦平静的日子，长者已经从心底里对他们产生敬意。这时，目犍连出现在长者面前，他悬在空中，为长者讲述释迦牟尼的学说，告诉他如何摆脱世间的烦恼。长者立刻领悟，内心得到安静，还学会了一种神通，自愿成为释迦牟尼的学生。阿那律、大迦叶和目犍连度化了跋提长者后，回到城中跟宾头卢说："我们的任务完成了，现在该你去度化跋提长者的姐姐了。"

宾头卢一大早就手托饭钵来到长者姐姐的家，看见长者姐姐正在揉面做饼。长者姐姐看到宾头卢突然出现，立刻想到他是来乞食的，故意说："你两眼盯着饭钵想干什么？我才不给你饼吃！"这时宾头卢全身着起火来。长者姐姐可不吃这一套，她说："你全身起火吓唬谁呢？我就不给你能怎么样？"宾头卢又飞上天空，大头朝下倒悬在长者姐姐上方。可不管怎样，长者姐姐都不理会，坚决不肯给他施舍。宾头卢想："我师父释迦牟尼不让我们硬向别人乞讨，不能强迫别人给我们饭吃。"他只好离开这里，一边走一边想，竟糊里糊涂走到了城外。

城外不远处有一块巨石，宾头卢苦闷地坐到了上面。想着想着，他竟然连人带石一起飞进城中。这可把王舍城的人吓坏了，人人都怕巨石掉下来砸到自己，大家都奔跑着躲避。宾头卢坐着巨石飞到了长者姐姐家上方，姐姐见此情景简直要吓死了，她向宾头卢大喊：“你赶紧把石头放回去，我把命给你都行！”宾头卢把巨石放回原地后，又来到长者姐姐面前。姐姐一边做饼一边想：“我可不想给他大饼，那我做个小的给他吧。”可是每次手里的小面团揉着揉着就成了一张大饼，这样做了三次，饼一个比一个大。她又想：“我本打算做小饼，反而做成了大饼，那我只给他一张饼就好了！”

长者姐姐拿起一张饼要递给宾头卢，没想到所有的饼都连在了一起，甚至连盛饼的盘子也一起给带了起来。她想抓住盛饼的盘子，没想到手也被盘子死死地粘住，她满头大汗地对宾头卢说：“你要饼我就给你饼，连盘子都给你也不可惜，你现在把我都拉扯上要干什么？”宾头卢说：“我其实不需要饼，也不需要盘子，更不是要你！我和阿那律等四人商量，要度化你们姐弟。他们已经度化了你弟弟，我的任务是度化你，所以我才这样做的。”长者姐姐说：“那你现在要让我做什么？”宾头卢说：“请姐姐带上这些饼，送给我师父和师兄弟们吃。”长者姐姐于是把这些饼送给了释迦牟尼和1250位僧人，他们都吃饱了，饼竟然还有剩余。长者姐姐非常惊讶，决定像弟弟一样拜释迦牟尼为师。释迦牟尼为长者姐姐讲了一次课，姐姐也学到了跟弟弟一样“法眼净”的神通。后来，阿那律等人把他们如何度化跋提长者姐弟的经过告诉了师父，释迦牟尼很不赞成他们这种利用神通胁迫别人的方法。释迦牟尼从此立下一条规矩，僧人们不能随意使用神通，否则就触犯了戒律。

莫高窟第285窟　主室南壁　宾头卢度跋提长者姊　西魏

敦煌莫高窟现存的宾头卢度跋提长者姊故事画，是上面这个故事的后半段内容。敦煌壁画中仅此一例，位于西魏第285窟南壁东端。此图采用单幅的表现形式，描绘了宾头卢倒悬空中、巨石悬在空中、长者姐姐皈依等代表性情节。画中宾头卢站立持杖、托钵，正在乞食，长者姐姐跪地表示愿意供奉。上方所绘宾头卢倒挂空中和巨石悬于长者姐姐头顶，都是表现宾头卢在施展神通。因为这是一个关于戒律的故事，这幅画也被认为是一幅戒律画。这个有趣的故事在结尾告诉我们，能拥有超乎常人的能力是不错，但是不能滥用自己的能力去胁迫别人。

须摩提的婚事

在古印度王舍城中，有一位德高望重的长者阿那邠池，他的女儿名叫须摩提。这个小女孩儿天生聪明伶俐、喜好佛法，从小就跟随释迦牟尼学习。邠池有一个好朋友满财长者，是满富城中的首富。满财长者希望能给儿子找一个门当户对的媳妇。儿子刚刚成年，满财长者就四处为儿子物色合适的姑娘。这天，刚好路过王舍城，满财长者打算顺便找老友邠池叙旧。满财长者来到邠池家中，须摩提向满财行礼问安。现在的须摩提已经出落成一个大姑娘，只见她面如满月、目似星光，站在那里亭亭玉立。

阿那邠池请满财到堂中落座，满财赶忙问："邠池老兄，刚才向我行礼的那个姑娘是谁家的女儿？"邠池回答说正是自己的女儿。满财听了满心欢喜，他拉住邠池的手说："咱们兄弟俩相识多年，我家的情况你是知道的，我的小儿子现在也长大了，这几天我张罗着给他娶亲，就是一直没找到合适的女孩。不知道我有没有福气能攀上您当亲家？"邠池犹豫了一下说："恐怕不行。"满财很意外，赶紧问："为什么不行？

莫高窟第257窟　主室西壁　须摩提女故事　北魏

莫高窟第257窟　主室北壁　须摩提女故事　北魏

是我家门第不高，还是家境不好？老兄家是富贵豪门，我家也是首富大户，为什么不能结亲？”邠池说：“你不知道，我女儿跟随释迦牟尼学习，她吃素食不杀生。您家里信婆罗门教，常吃肉杀生。”满财说：“虽然两家信仰和习惯不同，但咱们各信各的，您女儿嫁过来我们也尊重她的习惯，不会妨碍到咱们结亲！”

其实邠池心里不愿意联姻，但满财一再劝说，邠池盛情难却。于是，邠池打算跟满财要一份超出寻常的彩礼，心想满财到时就会知难而退。邠池说：“满财老兄，那我就不客气地向您要彩礼了！如果您能准备黄金万两、明珠百石，外加龙肝凤髓作为聘礼，我就把小女须摩提嫁到您家。”这本来是要为难满财，可邠池还是低估了满富城首富的实力。满财听了欣喜地回答：“老兄放心，这些东西我一定给您备齐送来！”邠池还是觉得不妥，慌忙改口说：“聘礼这事其实不重要，我得先去问问释迦师父的意见。”邠池来到释迦牟尼的住处，说现在满富城中的满财长者来向他提亲，想要为儿子迎娶须摩提，自己不知道该不该同意，请师父帮忙拿个主意。释迦牟尼说，如果须摩提将来能嫁到满富城，一定会把她学到的东西教给更多人，这是件好事。邠池于是回家告诉满财，十五天后就可以来迎亲了。满财高兴极了，立刻回家筹备聘礼。

阿那邠池为了嫁女也毫不含糊，他让人造了十二种宝车作为嫁妆。用名贵的红莲花装饰车内，摩尼宝珠镶满车身，金银线织成垂帐帷幔，再用琥珀、珊瑚、琉璃、车磲、玛瑙、水晶进行装饰，最后还要涂刷上黄金制成的金粉。宝车做好后，果然珠光宝气、熠熠生辉。很远的地方就能看到宝车发出的光彩，走近了更是让人眩目不敢直视。满富城离王舍城有1600多千米，到了迎亲的日子，满财亲自带着装满宝物的一万辆车前来，每辆车旁还配有侍女僮仆，整个迎亲队伍非常壮观。

满富城中有条法律，如果城中的女子嫁到别的城市就要重罚，同样如果从外地娶媳妇一样要重罚。要是有人触犯这条法律，那就要宴请城中的六千名婆罗门，而且一定要奉上肉羹美酒好好招待，以此获得原谅。满财知道迎娶须摩提坏了满富城这条规矩，慷慨地摆酒设宴请六千婆罗门到家里做客，并喊新过门的儿媳须摩提来向婆罗门们行礼。须摩提对此非常反感，她说："我虽然是一个弱女子，但也是有气节的。这些婆罗门都是不信佛的外道，他们喝酒吃肉贪婪无耻。我今天就算自毁容貌，也不能给这群人行礼！"婆罗门们听了须摩提的话，一个个气得直发抖。"哪里来的小丫头竟敢这么羞辱我们！"婆罗门们气呼呼地离开满财家，联合全城的人扬言要诛杀满财五族。

满财吓得紧闭宅院，他把自己关进高楼，对天哭诉自己连累五族，现在没有办法自救。这时他的朋友须拔忽然从天空中飞来，看见满财愁眉苦脸、捶胸顿足说着这些话，问他家是不是遭了强盗？满财回答："哪里是什么强盗！就是昨天儿子新娶的媳妇，出言辱骂了城中的婆罗门师父们。婆罗门一向得罪不起，这下家里可要遭殃了！"须拔问满财这个儿媳是从哪里娶的，满财说是王舍城阿那邠池的女儿。须拔听后大吃一惊，他告诉满财这个女子可来头不小，他们都要沾上她的光了。

满财疑惑地问须拔："这话是什么意思？"须拔说："我曾和高僧舍利弗最小的弟子，刚刚12岁的沙弥均头一起到雪山北乞食，我们俩各自得到一钵饭。我先飞到清凉的阿耨池边，守护的天龙鬼神不让我接近。这时小沙弥均头也飞了过来，天龙鬼神高兴地奉上金案，请均头在池边用餐。用餐之后，均头一瞬间就飞回了他的寺院。均头是舍

莫高窟第257窟　主室西壁　满财长者宴请梵志　北魏

利弗最小的弟子，这么个12岁的小孩子，都有这么大的神通，那舍利弗的师父，也就是你儿媳的师父，释迦牟尼该多么神通广大啊！”满财如梦初醒，当下就问须拔，自己能不能见见释迦牟尼。须拔告诉他，要想见到释迦师父，这事还得拜托他儿媳须摩提。

满财下楼找到须摩提，恭敬地问她能不能把师父释迦牟尼请到家里来。须摩提说：“如果公公您诚心诚意邀请我师父，我现在就登上高楼祈祷，请求师父前来。”说罢，须摩提踏着台阶走到楼上，点燃香炉后真诚地祷告：“师父，弟子在满富城中的满财长者家，那些外道婆罗门威胁要来杀我们，请您快来救救我们吧！”香炉散发出的香气随风飘到了释迦牟尼的住处，弟子阿难闻见这种香味觉得很不寻常。阿难问释迦牟尼这种异香从哪里来，师父告诉他：“这香是须摩提的信使，她在满富城中遇到了大麻烦，希望我和你们师兄弟一起去替她解围呢。你快点通知大家到普会堂集合。”众弟子到后，释迦牟尼告诉大家须摩提的遭遇，然后让会神通变化的弟子跟随他去

莫高窟第257窟　主室西壁　须摩提焚香请佛　北魏

满富城。

众人中最先领命的是小沙弥均头，他年纪最小愿意在前方开路。阿难对师父说，满富城中没有能给咱们煮饭的大锅，让为僧团服务的仆人乾绪先背口大锅开路。乾绪虽然只是一名仆人，但也有神通，他身上背着能煮万斛米的超级大锅，手里提着能舀百斛米的大勺子，一跃而起向满富城飞去。一会儿，站在楼上的满财长者对须摩提说："我看见有个人背着一口巨锅、提着一个巨勺正往这边飞来，这是你师父吗？"须摩提说："那不是我师父，他是僧团的仆人名叫乾绪。我师父要来了，派他背着大锅先到。"

之后满财又问："我远远看见，有个人坐着五百花树向这边飞来，那是你师父吗？"须摩提回答："不是！那是我师兄舍利弗收的小徒弟名叫均头。"之后满财又见到先后坐着五百头青牛、五百只孔雀、五百

只金翅鸟、五百条大龙、五百座琉璃山、五百只白鹄、五百只老虎、五百头狮子、五百匹骏马、五百头六牙白象飞来的10个人，他挨个问须摩提这次来的是不是她师父。须摩提一一否定，告诉公公这些分别是自己的师兄周利般特、罗云、迦匹那、优毗迦叶、须菩提、大迦旃延、离越、阿那律、大迦叶和目犍连。须摩提对公公满财说："我师父的威仪，不是这些师兄可比的，您别再瞎猜了，一心一意等我师父来吧。"

这时，释迦牟尼身披袈裟升上天空，端坐的身体呈紫金色放出万丈光芒。他的弟子阿若车邻和阿难在左边，舍利弗在右边，随行的弟子们又显现出各种神通。阿若车邻变成月神、舍利弗变成太阳神，其他的比丘分别变化成四大天王、天龙八部，摆出行军作战的阵势前往满富城。阿须轮作为东厢将军，转轮王作为西厢将军，乾达婆王作为后军主事，帝释天充当外军主事，大梵天充当中军主事，文殊师利作为主帅统管全

莫高窟第257窟　主室北壁　须摩提故事　北魏

军。密迹金刚手持金刚杵近身保护师父释迦，魔王波旬弹着琉璃琴唱着颂歌，毗沙门天王打着七宝华盖，天空中伎乐们飞翔随行。

到了满富城上空，释迦牟尼施展各大神通，大地震动万钟齐鸣，一会儿火光满天，一会儿飞沙腾浪，一会儿电闪雷鸣，一会儿飞雪雨雹。转眼间天旋地转，所有的河流向西流淌，月亮在东方隐没。随着释迦一挥手，一切又恢复了原样。满富城的人都惊呆了，他们感慨说："天空中的这位圣人，竟如此神通广大！"六千婆罗门见此情景，不仅不敢再去骚扰满财一家，反而决定放弃杀生，并拜释迦牟尼为师。须摩提继续跟随释迦牟尼学习，获得了"法眼通"的神通。她的公公满财也率领全族拜释迦为师，后来满富城里的八万四千名百姓都成了释迦牟尼的弟子。

敦煌莫高窟的须摩提故事仅有1例，位于北魏第257窟主室西壁北段和北壁西段。画面由14个情节组成，包括须摩提女焚香请佛、乾绪背负大釜而来、沙弥均头变五百花树飞来、周利般特乘五百青牛飞来、罗云乘五百孔雀飞来、迦匹那乘五百金翅鸟飞来、优毗迦叶乘五百龙飞来、须菩提乘五百琉璃山飞来、大迦旃延乘五百白鹄飞来、离越乘五百虎飞来、阿那律乘五百狮子飞来、大迦叶乘五百马飞来、目犍连乘五百六牙白象飞来，最后释迦在众人簇拥下出现。这幅画在情节安排上动静相间、人物也美丑相衬。画中须摩提的平和娴静、释迦和弟子们的庄重威严，与外道梵志们的喧嚣无状形成鲜明对比。画面对比丘们乘坐的坐骑都进行了个性化的描绘，对牛的犷悍、龙的矫健、马的奔腾、象的笨拙、白鹄的悠闲、孔雀的高贵和山岳的凝重都有恰如其分的表现。

莫高窟第257窟　主室北壁　佛陀及众弟子赴会　北魏

舍利弗降伏劳度叉

在古印度憍萨罗国波斯匿王执政时，有一位名叫须达的大臣，他家财万贯又乐善好施，因为常常赈济孤独贫困之人，大家都称他为“给孤独长者”。长者住在国都舍卫城，家里有七个儿子，他最偏爱老七。六个哥哥成婚后，为老七娶亲就成了长者的心头大事。长者跟婆罗门们说：“你们四处游方，如果在哪里看到容貌品行都好的单身姑娘，记得要帮我家老七说亲。”这天，一位婆罗门游历到王舍城，正好敲开一个大户人家的门打算乞食。按照王舍城的习惯，出来为婆罗门送饭的都是未婚女子。婆罗门看到一位清秀端庄的少女为他端出饭食，立刻想起须达的嘱托。婆罗门请求见一下少女的父亲，她的父亲正是当地有名的富豪护弥长者。婆罗门见到护弥后，说自己是为须达长者来提亲的，护弥长者早闻须达乐于善行的美名，就请须达亲自前来商议。正好有商人要从王舍城去舍卫城做生意，于是婆罗门赶紧给须达写了封信，请商人速速把消息带到。

须达收到婆罗门的信，一看小儿子的婚事有了眉目，乐得合不拢嘴，赶紧向波斯匿王告假，说自己要去给儿子办婚事。国王准假，须达带着一车车珍宝前往王舍城。路上，他还不忘给遇到的穷人施舍生活所需。到了王舍城见到护弥，两人一见如故，护弥长者就安排须达长者住到他家。须达看到护弥全家上下忙忙碌碌，好像正在准备盛大的仪式，他好奇地问护弥长者是要宴请王公大臣还是亲朋好友。护弥告诉他两者都不是，他家是要宴请释迦牟尼和他的弟子们。这下须达更好奇了，他问谁是释迦牟尼。护弥告诉须达，释迦牟尼就是净饭王家的悉达多太子，他抛弃世间享乐出家修行，现在终于成为最有智慧的哲人，老师的弟子们也都神通广大。须达听了，决定自己一定要亲眼见见释迦牟尼。

须达按捺不住急切的心情，当天夜里就想出城到竹林精舍去拜访释迦牟尼。他刚出城门，觉得夜路难走，万一碰到恶鬼猛兽怎么办？心里直打退堂鼓，想转头回城等天亮再去。这时，一位天神从天而降，鼓励他说就算给他全世界的珍宝，也不如去见一次释迦牟尼珍贵。须达听了，坚定地走向竹林精舍，这时，周边也渐渐亮了起来。释迦牟尼料到须达要来，特意出舍相迎。须达远远见到，释迦牟尼光彩熠熠，心想老师比护弥描述的还要庄严一万倍。须达向释迦牟尼行礼，释迦牟尼在竹林精舍里为须达讲了自己对人生和未来的看法。须达对释迦牟尼佩服得五体投地，他盛情地邀请释迦牟尼带弟子们到舍卫城为大家授课。但释迦牟尼说，他们出家人不能与世俗人一起住在城里，城外必须有独立的精舍才能安置。须达拍着胸脯说，精舍不是问题，请老师派一名弟子跟他一起回舍卫城，并指导他如何建立精舍。释迦牟尼知道舍卫城里早已有六派学说大行其道，这六派的师父们一定不会轻易让他们在那里建精舍授课收徒。众弟子中，舍利弗出身贵族，自小就聪明过人，而且神通不凡，只有他最适合承担这个任务。

舍利弗欣然领命，与须达一起来到舍卫城。他们一起在城外勘察，发现只有祇陀太子的一处园林最适合修建精舍。这里地面平整、草木茂盛，最重要的是离城市不远不近。出家人入城乞食不会太远，又可以避免被城中的吵闹所打扰。找到了合适的地方，须达高兴地来到祇陀太子府，告诉太子自己想买他的园林为释迦牟尼建精舍。太子笑着说："我又不缺钱，我就是喜欢这园子郁郁葱葱，能常常来这里游玩消

莫高窟第9窟　主室南壁　劳度叉斗圣变之须达买园　晚唐

遣，我可不卖！”须达软磨硬泡，太子想干脆要个天价，让须达知难而退，于是说：“你要真想买，就用黄金铺地，地上一点空隙也别留！”想不到须达脱口而出：“成交！”

太子本来就是戏言，这下立刻后悔了，说自己是说着玩的，给多少钱都不卖。须达气得说祇陀贵为太子，怎么能出尔反尔，这样将来怎么能取信于百姓、继承国家？双方争执不下，这时，首陀天神下凡化成了断事人，判定太子要言出必行，太子只好同意卖园。须达派人用大象驮来黄金，园中的八十顷地面就快铺满了，还有少量地面需要再运送一次黄金。须达计算还要驮来多少黄金时，祇陀太子问须达为啥站在那里犹犹豫豫，是不是嫌价格太贵？须达说一点儿也不贵，自己只是在算第二次派人拉多少黄金过来。太子看须达这么说，想释迦牟尼一定是个大圣人，能让人不在乎黄金钱财。太子跟须达说不用再运黄金来了，园子里的地归须达，园子里的花草树木算太子的，他们一起联手为释迦牟尼建精舍。

憍萨罗国的六师外道，是当时佛教之外其他学说的代表人。他们得知须达买园要为释迦牟尼建精舍后，一起到波斯匿王那里抗议。他们提出约佛斗法，以胜负决定是否建立佛教精舍。波斯匿王同意了六派师父们的请求，吩咐须达请佛斗法。须达回家愁眉不展，他知道六派师父们修行已久，法术高强，在舍卫城中无人能敌。须达把斗法的事告诉舍利弗，并担心地问舍利弗是否有把握应战。舍利弗不动声色地说：“六派师徒们的雕虫小技，连我的一根汗毛都动不了，你放心好了。”须达听了高高兴兴去回禀国王，国王命令七日之后双方进行比试。

七日期满，城外校场鼓声震天，全城百姓都来观战。但斗法前舍

莫高窟第9窟　主室南壁　劳度叉斗圣变之寻找舍利弗　晚唐

利弗却迟迟未到，须达十分焦急，四处奔波寻找。这时，舍利弗正静坐入定，临近斗法而依然镇定自若。须达驱车打听，在一个牧牛的小童处得知舍利弗的去处，他急奔向七里涧，见到坐在树下的舍利弗。舍利弗不慌不忙地站起身来，整理好衣服，跟须达一起来到校场。他走起路来像狮王一样威严，在场的观众都对他肃然起敬。舍利弗落座之后，六派共推擅长幻术的劳度叉出战。

劳度叉先是变出一棵参天大树。这棵树枝繁叶茂，树上满是奇花异果，而且越长越大，树荫将在场的人都遮住了。这边舍利弗派遣风神放出狂风，将大树连根拔起，大树倒地碎成尘土。劳度叉的坐帐也快要被风吹倒，六师外道们慌了手脚，救护坐帐的外道反被大风卷起，形象十

莫高窟第196窟　主室西壁　劳度叉斗圣变之风吹鼓架及树　晚唐

莫高窟第9窟　主室南壁　劳度叉斗圣变之大象吸水　晚唐

莫高窟第9窟　主室南壁　劳度叉斗圣变之金刚击山　晚唐

分不堪，劳度叉吓得不知所措。舍利弗则稳坐于莲台之上，身后扈从的天龙八部、四大天王个个威武整齐，沉着镇定。劳度叉接着变出一方池水，水池四面均以各种宝物砌成，水中生出种种美丽的莲花。舍利弗变出一头六牙白象，大象的每颗牙上有七朵莲花，每朵莲花上站着七位天女。大象稳健地踏进水池，用鼻子吸干池水，水池瞬间消失。劳度叉又变出巍峨的宝山，山上泉池树木、花果茂盛，用以显示其法力之大。舍利弗派出金刚力士，他手执金刚杵，只朝山一指，宝山立刻崩塌。巨石向四处纷飞，外道仙人乘云从大山的缝隙中仓皇逃出。

劳度叉变作毒龙袭击舍利弗，舍利弗则化出金翅鸟，展翅扑向毒龙的背部，以喙啄毒龙的头，迫使毒龙降伏。劳度叉变作一头牛，强壮有力，牛角锋利，朝着舍利弗奔来。舍利弗变成狮王，扑咬狂牛，

莫高窟第196窟　主室西壁　劳度叉斗圣变之金翅鸟斗毒龙　晚唐

顷刻将牛撕碎吃掉。劳度叉变成高大的夜叉鬼，头顶烈焰、两眼通红、青面獠牙、口喷大火，朝着舍利弗扑去。舍利弗转身化作毗沙门天王怒目而视，夜叉鬼惊惧退缩，结果四面起火无处可逃。只有舍利弗面前一点地方清凉无火，夜叉鬼乖乖在那里跪地求饶。这时舍利弗恢复本身，施展出身上出水出火、四面出没、变大变小、万亿分身、飞行空中、履水如地等一系列神通。在场的人无不惊叹，六派师父和徒弟们纷纷决定放弃原来的学说，改为出家剃度跟随释迦牟尼学习。

后来精舍建成，波斯匿王亲自派人去请释迦牟尼前来授课，他自己也成为释迦牟尼最忠实的听众。释迦牟尼告诉大家，这座精舍的树是祇陀太子捐的，地是给孤独长者须达买的，应该命名为“祇树给孤独园”。后来这里成为释迦牟尼和众弟子常住的地方之一，也就是印度历史上大名鼎鼎的“祇园精舍”。

舍利弗降伏劳度叉的这个故事，在敦煌壁画中叫“劳度叉斗圣变”，

莫高窟第196窟　主室西壁　劳度叉斗圣变　晚唐

敦煌莫高窟现存这一题材壁画共14例，分别位于莫高窟初唐第335窟，晚唐第9、85、196窟，五代第6、53、72、98、108、146、342窟，北宋第25、55、454窟，其中以第9、196、146、25窟的为代表作品。此图往往采用通壁大画的形式表现，构图多是舍利弗与劳度叉相对而坐两者之间斗法的主要情节。为了增强故事的戏剧性，壁画中有对人物极具个性的细腻描绘，如六师外道斗法失败后，纷纷剃度落发。画师根据自己的想象，绘出外道们灌洗、摸头等揶揄幽默的表情，实在是谐趣横生，让人回味无穷。

五百强盗复明记

在憍萨罗国，有五百个强盗为非作乱，他们经常抢掠作恶，干的坏事越来越多。波斯匿王知道这群强盗行为暴虐、为害百姓，已成为国家的心腹大患，于是派出大军进行征讨。面对国王训练有素的军队，五百强盗当然不是对手，虽然顽强抵抗，但还是全部成了官军的俘虏。犯下那么多罪行，当然不能轻饶。五百强盗被处以剜眼酷刑，之后又被放逐到丛林之中，任其自生自灭。

五百强盗失去双眼后苦痛难忍，他们在山中惨叫："救命啊！疼死啦！"慌乱之中，他们想起慈悲善良的释迦牟尼，大声呼喊："释迦师父啊，救救我们！释迦师父，求求您救救我们！"释迦牟尼当时正住在祇园精舍，他听到这些悲惨的叫声立刻心生善念，于是用神通之力吹起凉风，使雪山香药撒满强盗们的眼睛。强盗们的眼睛一沾到香药即刻复明如初，他们睁开眼睛看到释迦牟尼就站在面前。释迦牟尼告诉他们以后要多做好事、不要做坏事，五百强盗深受感动，入山修行，后来都成了善良的人。每个人都有一颗善良的心，只要肯正确认识自

莫高窟第285窟　主室南壁　五百强盗与官军交战　西魏

莫高窟第285窟　主室南壁　五百强盗被放逐深山　西魏

已、改正错误，人人都有机会做一个好人。

敦煌莫高窟共绘有两幅五百强盗故事画，分别见于西魏第285窟和北周第296窟，均采用横卷连环画的表现形式。画面以五个相似的人物代表五百强盗，按故事发展的先后顺序绘出五百强盗与官军作战、被俘、受刑、释迦说法、强盗皈依等情节，以山峦树木为背景分隔情节，并突出作战与受刑的残酷场面。

莫高窟第285窟的五百强盗故事绘于南壁中部，画面由8个情节组成，按时间先后顺序由东向西排列，包括国王派大军讨伐五百强盗、五百强盗被官军俘虏、审讯五百强盗并判处酷刑、五百强盗被剥衣剜眼、五百强盗在山林中哭号呼救、释迦牟尼用雪山香药治好五百强盗、

五百强盗出家为僧、五百强盗参禅入定。此图在构图上，一开始就是高潮，描绘激烈的战争场面，然后转入低调，最后回到平静，让观者在紧张的情绪之后重新回到佛教所倡导的平和宁静。莫高窟第296窟五百强盗故事位于主室南壁下部，画面也由8个情节组成，由西向东排列，情节顺序与莫高窟第285窟近似。此图的大部分画面都用来表现国王和军队对五百强盗的征讨和施刑，反而将五百强盗获救皈依的画面描绘得简单草率，似乎带有宣传通过王权和武力来征讨作乱者并令其从善的用意。画面两端绘以楼阁建筑，中部则为山林旷野、人物活动在行进途中逐步展示，将故事情节巧妙地统一在景物当中。

莫高窟第285窟　主室南壁　五百强盗故事　西魏

莫高窟第296窟　主室南壁　五百强盗故事　北周

波阇罗公主的容貌

憍萨罗国的波斯匿王，碰到了一件烦心事。原来，他的王后末利生了一个女儿，可是小公主生来极丑，皮肤像骆驼皮一样粗糙，发丝像马尾一般粗硬。波斯匿王第一次见到小公主，就心生厌恶，连名字也懒得取，直接叫她“波阇罗”，就是“金刚”的意思。“金刚”不就是那种大猩猩嘛，可怜的小公主生下来就这副模样。波斯匿王怕被人取笑，限定公主不能出宫，不要让外人看到。不过，波斯匿王也不敢怠慢这个小女儿，因为她生母末利王后的娘家人不好惹，所以即使自己不喜欢这个女儿，也还是安排宫人们好好照顾公主。

波阇罗公主一天天长大，到了成婚的年纪，这下波斯匿王可愁坏了。这么丑的女儿，嫁给谁，谁能愿意娶呢？波阇罗贵为公主，女婿的家世地位还得配得上，可是贵族子弟们哪肯娶这么个丑老婆。想来想去，国王叫来一名心腹大臣，让他去打探一下，看看国中有没有本来是豪门望族，如今家里没落贫困的单身公子。要是碰到这样的青年公子，直接领过来见国王，大臣还真找到这样一位贫穷公子。国王见到这个只剩下贵族头衔的穷小子，觉得这个年轻人看起来还不错。国王把小伙子留下，又让左右的人退下，一五一十地跟小伙子说了公主的情况。波斯匿王说："我有一个女儿，长得非常丑，现在想为她谋一门婚事。我听说你们家是豪门大姓，可现在生活窘迫。如果你愿意迎娶小女，我一定会让你过上豪门该有的富足生活。"小伙子听了，跪在国王面前说："我一定遵从您的意愿。不管您让我做什么我都会无条件服从，何况您这么信任我，要把公主交给我呢！"

这下波斯匿王心里的石头总算落了地，他放心地将女儿嫁给了这个小伙子。国王专门给公主和驸马建了一座新宫殿，为了守住公主很丑这个秘密，这座宫殿设有七重门。国王吩咐驸马自己拿好门钥匙，如果外出的话记得把七重门都锁好。国王一再嘱咐驸马："我女儿这么丑，这世上再找不出第二个，你千万不要让外人看到她。"波阇罗公主虽然嫁了人，可活动范围仍然只有这座新建的宫殿，常常面对的还是紧锁的宫门。为了感谢这个为自己分忧的好女婿，波斯匿王不仅给驸马赏赐了大量的珍宝财物，还让他担任要职成为重臣。

驸马这下变得富有了，每个月都能去参加豪门子弟的聚会宴饮。每次聚会时，别人都是夫妇俩共同出席一起娱乐，只有驸马从来都是一人前来。其他人觉得事有蹊跷，大家都在私下里猜测。有人说公主一定长得特别漂亮、卓然超群，也有人说公主肯定相貌丑陋、无法见人。猜来猜去，众人的好奇心越来越强，他们偷偷商量了一个见到公主的办法。这天，驸马又来参加聚会，贵族子弟们你一句我一句地劝酒，硬是把驸马灌醉了。驸马躺下呼呼大睡，他们趁机解下他拴在腰间的一串钥匙，然后选了五个人前去驸马宫中探个究竟。

莫高窟第98窟　主室南壁　贵族子弟们灌醉驸马　五代

与此同时，波阇罗公主一个人孤单地待在家里，想着自己从小到大的遭遇，越来越伤心。她自言自语道："不知道我做错了什么，从一出生父亲就讨厌我，如今夫君也不理我，天天把我关在这幽暗的宫里，连日月都见不到，也没有一个朋友。我听说现在世上最有智慧的人是释迦牟尼，他愿意帮助人们摆脱烦恼。释迦牟尼，如果您真的存在，就请来帮帮我吧！"释迦牟尼感受到了公主的祈祷，他决定去帮助这个可怜的女子。释迦牟尼像变戏法一样出现在公主的面前，公主先看到释迦牟尼的头发，这时她自己的头发就变得细软柔顺；之后看见释迦牟尼的面庞，这下公主的脸变得白嫩细腻；然后看见释迦牟尼金色的上半身，公主的整个身体都变得端正窈窕。现在的公主不仅不丑了，简直美得像天上的仙子一般，世上再找不到第二个这样的美人了。

这时，释迦牟尼显现了全身，公主仔细打量着眼前的这个人，认

莫高窟第98窟　主室南壁　波阇罗见释迦牟尼　五代

出这就是人们口中传说最有智慧的圣人之后，她开心得手舞足蹈、喜不自胜。这时，公主身上所有的缺点都不见了，她真的跟天上的仙女一样了。释迦牟尼告诉公主，公主前世是一位富家小姐，他的父亲常年供养一位有智慧的老师。可这位小姐嫌弃老师长相难看出口谩骂，为了惩罚她这种不尊重别人的行为，这一世也让她生得丑陋，体会被人歧视的滋味。为什么现在公主又由丑变美了呢？因为在老师临死之前，曾经显现了飞腾升空、身上出水火等神通，富家小姐为自己看不起老师的行为感到惭愧，认真地向老师道歉请求原谅。老师看她知错能改，最后原谅了她，所以她今世能够由丑变美。公主听了释迦牟尼的话，立刻明白了许多道理，从此决心好好约束自己，绝不随意出口伤人。释迦牟尼知道公主已经改过自新，便放心地离开了。

释迦牟尼刚走，跑来打探的五名贵族子弟就悄悄打开宫门，他们偷偷瞧见美得像仙子一般的公主，都说："难怪驸马不肯把公主带来，公主长得这么好看，跟她一比，其他人都丑得像猴子了！"他们锁好宫门，回到宴会，重新把钥匙系到驸马腰上。待到驸马酒醒，宴会也结束了，他独自闷闷不乐地回到宫中。一道道打开七重宫门，门里竟然站着一位让人赏心悦目的美人！驸马呆呆地站在门口，他甚至怀疑自己喝醉走错了地方。他拍了拍自己的脸，觉得并不是在做梦，赶忙问："你是谁？"公主笑盈盈地答道："你夫人！"驸马这会儿又不敢相信自己的耳朵了，他问："那那那……公主你之前那么难看，现在怎么会美若天仙？"公主把释迦牟尼的话告诉了驸马，驸马终于相信眼前的这位仙子就是波阇罗公主。

公主跟驸马说，自己想见父王波斯匿，希望驸马代为传信。驸马跑到波斯匿王面前，告诉他公主要来相见。没想到国王一口回绝，还命令女婿千万别让公主出门。驸马劝说国王："父王您还不知道，公主见过释迦牟尼后，她已经大变样了，美得像天上的仙女一样。"波斯匿王本人也非常敬重释迦牟尼，听到女婿这番话，马上命人派车把公主接来。公主来到国王面前，国王见到自己的女儿变得这么好看，高兴得老泪纵横。国王带上王后和公主夫妇一起来到释迦牟尼的精舍，全家都感激释迦牟尼对公主的教导。释迦牟尼又给国王讲了一遍公主由丑变美的原因，最后告诉大家：每个人都会犯错，也都会为错误付出代价，但只要愿意及时改正都能获得幸福美满的人生。

敦煌莫高窟共绘有两处波阇罗公主故事画，分别见于五代第98窟南壁和第146窟西壁，均采用屏风画的表现形式。第98窟的是其代表作品，画面自上而下包括波斯匿王招女婿、驸马与贵族子弟宴饮并醉倒、公主见释迦牟尼、国王一家向释迦牟尼致谢等四个情节。这一故事虽然是古印度的传说，但画中人物全部被绘成传统的中原人士形象。五代敦煌壁画已呈现出明显的程式化特征，对人物和场景的描绘相对简单平实，色彩也不丰富，往往在画面旁边书写榜题文字说明情节内容。

富那奇帮兄致富

从前，放钵国的首富昙摩羡长者，他的夫人为他生下两个儿子。因为长子出生时正值国王派军出征别国，所以取名为大军；次子出生时正赶上国王得胜归来，所以起名叫胜军。两个儿子长大成婚，昙摩羡也渐渐老了，某天生了一场大病。家人多次找来国内名医为昙摩羡治病，每次长者家里都为医生们提供山珍海味，希望他们能尽心诊治。没想到，这些医生贪图长者给予的报酬，每次都额外开几味其他的药，引发长者体内的其他病症。就这样，昙摩羡长者的病拖拖拉拉一直不好。长者身边的一名婢女看出了医生们的把戏，她常年照顾长者的饮食，熟悉长者的病症和用药。一天，婢女对长者说：“老爷，您从今天开始别再找那些医生了，他们不安好心乱开药，把您的病耽误到现在也没有治好。本来您的病也不重，我按病症去求医问药，帮您慢慢调理。”果然，昙摩羡在婢女的细心照料下，没过多久身体就康复了。

昙摩羡长者为了感谢婢女，就问她有什么愿望？婢女忽然跪在地上说：“老爷，我身份卑微，怕将来老了无依无靠，我想给您生个孩子。”

长者觉得这并不是什么难事，于是娶了婢女作小妾。婢女很快便有了身孕，十个月后为长者生了一个儿子。因为这孩子的出生满足了她母亲的愿望，所以就起名富那奇，也就是“满愿”的意思。富那奇从小就勤劳能干，长大后特别擅长经商，帮助长者经营生意，使家里越来越富。不过，虽然他长得很帅、才智过人，但毕竟母亲出身低微，并不像两个哥哥那样是家中的主人，身份仍然是家里的奴仆。

昙摩羡长者的身体一天不如一天，再次得病时，卧床很久也不见好。他觉得自己快不行了，把年长的两个儿子叫来说：“如果有天我死了，你们千万不能分家！”长者虽然每天服药，可没过多久还是离开了人世。富那奇的两个哥哥听从父亲的遗言，两家仍一起生活、不曾分家。有一次，正好碰到个机会，哥哥们要一起去外地经商，他们决定把妻子儿女一家大小都交给富那奇，一再叮嘱弟弟帮忙照顾好家人。富那奇从此兢兢业业打理家事，不敢有半点含糊。两个哥哥的儿子，经常去找富那奇，常常要富那奇给他们买饮料零食，每次富那奇都有求必应。

有一天，二哥胜军家的孩子说自己又渴又饿，缠着富那奇给他买吃喝。富那奇刚好出门时忘了带钱，小侄子啥都没要来，气哼哼地回家跟母亲告状。他说富那奇偏心，给大伯家的哥哥啥都买，连一口吃的都不肯买给自己。二嫂听到这话气不打一处来，想想富那奇不过是家奴生的贱民，竟然敢这么怠慢自己的儿子。胜军回家时，母子俩的愤怒还没有平息，又添油加醋地跟胜军告了一通状。气得胜军也破口大骂：“富那奇这个贱奴生的孩子，竟然在我离家时欺负我老婆儿子，我非杀了他不可！”胜军找到大哥要求分家，大哥说不能分家是老父亲的遗愿，不肯跟胜军分家。胜军天天找大哥闹，虽然不知道原因，但看得出胜军不达目的不罢休，大哥只好同意任由胜军主持分家。

胜军把家产分成两份，一份是家中所有的田园宅地、全部看得见的财产，一份是富那奇，兄弟俩每人只能要一样。胜军让大哥先选，想着大哥一定会选家里的全部财产，然后把富那奇留给自己。如果这样，富那奇就归胜军了，胜军就可以随意把他杀掉。大哥知道胜军这是想谋害富那奇，他坚定地选择了富那奇，然后拉着妻儿、带着弟弟走出家门，找到一个没人住的破草棚暂时安置。这时，富那奇跟大嫂说："嫂子，你那里还有钱吗？能不能给我一点钱，我去买些柴禾。"哥嫂一起回答："就剩下五文钱了，你都拿去吧。"富那奇拿着这五文钱去市场，刚好见到有人在卖一束柴草，正好要价五文。富那奇注意到，有一根牛头栴檀香木夹在柴草里，于是连价都没还就痛快地把这束柴草买了回来。

富那奇高高兴兴地把柴草扛回家，取出那根香木，把它截成了十段。原来放钵国的王后得了严重的热病，需要这种香木制成的粉末涂抹身体治病。国王发了诏令在全国上下求牛头旃檀香木，到现在也没找到一截半段。国王悬赏说，要是有谁能送来一两香木，就赏赐黄金千两。富那奇把那一小段香木献给了国王，果然换回了千两黄金。就这样，他先后把十小段香木都献给了国王，得到了万两黄金的赏赐。富那奇用这些钱为大哥置办了田园宅舍、象马车辆、家仆牲畜，使大哥一家又过上了富足的生活，而且比父亲在世的时候更有钱。

有一天，有五百个商人打算出海寻宝，他们约富那奇一起去。富那奇跟大哥商量，大哥同意他去并给他购置了所需的一切装备。富那奇和五百名商人按计划来到大海深处，装满了一船珍宝。可是在返程途中，天空中忽然出现了三个太阳。大家觉得奇怪，向这次带队的向导询问，向导惊恐地说："中间那个是真正的太阳，两边的是摩羯大鱼的眼睛，下面那片白光是大鱼的牙齿。你们看到前方的水都流向一个大黑洞，那就是怪鱼张开的大嘴呀！这下完了，咱们马上要驶进鱼嘴成鱼食了！"幸好船上有一位商人是释迦牟尼的弟子，在这危急的时刻他念起了释迦牟尼的名字，这条大鱼知道释迦牟尼神通广大，立刻闭上大嘴沉入了海底。一船人鱼口脱险平安回国，富那奇这次带回了一具大金案和一大袋子珠宝。他把所有的东西都交给了大哥，感谢大哥当初分家时为了保住自己放弃了一切财产。这些珍宝钱财他们一家人几辈子都花不完，大哥夫妇的善良得到了真诚的回报。

敦煌莫高窟现存富那奇故事画仅1例，位于五代第98窟西壁，为屏风画形式。可惜画面较为残破，现在可识别的情节包括昙摩羡长者临终嘱托、富那奇出海遇摩羯大鱼等。五代第98窟为当时的敦煌最高地方官归义军节度使曹议金所建，后代称为"大王窟"。这个洞窟的南、西、北三壁下部就像"故事会"一样，描绘了各种情节曲折的惩恶扬善的传奇故事，富那奇帮助兄长致富的故事就是其中一例。

遵守戒律的小沙弥

古印度的安陀国里，住着一位很有名望的比丘，因为他生活简朴，不贪恋任何世间的财物，以乞食为生过着少欲知足的生活，人们称他为“乞食比丘”。乞食比丘生性喜好清静，独自居住，一心修行，精通佛理，受人尊重。有一位善良的优婆塞（居士），他虽然没出家，但非常敬佩乞食比丘。这位优婆塞天天置办美食，按时派人送到乞食比丘的住处。在这个国家里，还有一位信奉佛教的长者，他有一个儿子。长者想让儿子出家，打算找一位品行高尚的师父教导他。“近朱者赤，近墨者黑。”长者心想，再没有比“乞食比丘”更适合当老师的人了。于是他把儿子送到了乞食比丘跟前，请求他收下儿子当徒弟。乞食比丘细细观察了这个小童，觉得他行为端正、一定能好好修行，就痛快地收下他当小沙弥。

一天，有亲友请优婆塞一家前去做客。优婆塞正发愁留谁看家时，他的女儿主动说愿意留在家里。优婆塞忙着带家人赴宴，这天竟然忘记了还要给乞食比丘送饭。乞食比丘眼看天色渐晚，送饭的人还没来，

莫高窟第285窟　主室南壁　小沙弥剃度出家　西魏

想着世俗之人家里事多兴许是忘了，就派长者的儿子小沙弥去优婆塞家里问问。临行前，特意把小沙弥叫到跟前嘱咐，外面是花花世界，你一定要注意自己的行为，坚守师父教你的戒律。小沙弥坚定地点点头，让师父放心，他一定记住师父的教导。

小沙弥来到优婆塞家门口，轻声敲门，里面人问谁呀？小沙弥回答说："我是沙弥，来给师父取食物。"优婆塞的女儿把门打开，看见英俊的小沙弥，忽然就喜欢上他了。这个小美女拉住小沙弥说："你看我们家特别有钱，你要是娶了我，这些金银财宝就都是你的了！"小沙弥心想："糟糕！师父教我守住清规戒律，这女子这么拉扯我，如何

莫高窟第257窟　主室南壁
沙弥遇少女　北魏

是好？我要是硬甩开她跑掉，只怕她大声哭闹，让人看到我更说不清楚了。”小沙弥淡定地对小美女说：“你先让我进去，把门关好。让我自己在房间里安静地念一段经，然后我出来就答应你。”小沙弥独自进房后，拿出一把剃刀，想起师父的教诲，觉得就算死了也不能违背戒律。于是他心一横，直接用剃刀抹了自己的脖子，倒地而亡。小美女等了半天，不见小沙弥出来，喊了几声也没人应答。赶紧打开门一看，见小沙弥已经倒在血泊中没了呼吸。小美女见状，后悔得哭晕了过去。

等优婆塞一行回到家中，看到家里这个样子，还以为女儿被人欺负了。小美女知道小沙弥坚守戒律，值得敬重，绝不能为了自己就诬陷了沙弥，于是把整个事情一五一十地告诉了父亲。优婆塞知道女儿犯了大错，对着小沙弥的遗体行了大礼。按照当时国家的法律，如果

有出家人死在家里，这家的主人必须向国王缴纳罚金一千钱。国王了解优婆塞的为人，看到他主动来交钱时非常吃惊。国王说：“在这个国家里，人人都知道你正直善良，你会犯什么大错要来交罚金呢？”优婆塞把小沙弥守戒自杀的事毫不隐瞒地报告给了国王，国王都深受感动，要亲自到优婆塞家去看看。

国王来到优婆塞家，对着小沙弥的遗体行了礼，用种种宝物装饰的大车把遗体运到了平地，用各种香木将遗体火化，给死后的小沙弥以最崇高的礼遇。国王又把优婆塞的女儿梳妆一番，让她坐到高台之上，人人见了都夸这个女子长得好看。国工告诉大家：“这么好看的姑娘，谁见了不动心？而乞食比丘的徒弟，为了拒绝这样的美女，甘愿自杀守住戒律。”国王说名师出高徒，于是请乞食比丘为全国百姓讲说妙法。后来，这个国家里很多人都受到感化，正直善良的人越来越多。

敦煌莫高窟现存沙弥守戒故事画共3例，分别见于北魏第257窟、西魏第285窟和五代第98窟，其中第257窟的为横卷式连环画、第285窟的为纵卷式连环画、第98窟的为屏风画，前两者为这一题材的代表

莫高窟第257窟　主室南壁　沙弥守戒自杀故事　北魏

作品。第257窟南壁绘制的沙弥守戒故事自东向西由7个主要情节组成，包括乞食比丘远近闻名、长者送子于乞食比丘处出家、乞食比丘教诲小沙弥要遵守清规戒律、小沙弥到优婆塞家乞食遇少女、少女向父亲哭诉、优婆塞向国王缴纳罚款、国王为沙弥起塔供养。此图的特点在于构图完整，对人物性格的刻画也十分到位，对作为环境的山峦、草庐、房屋、宫殿的描绘极富装饰效果。

第285窟南壁中部绘制的沙弥守戒故事画，由6个情节组成，包括长者送小沙弥于乞食比丘处出家、师父告诫小沙弥要遵守戒律、小沙弥去长者家中乞食遇少女开门、少女向父亲哭诉、优婆塞向国王缴纳罚金等情节，及国王为小沙弥火化并起塔供养的结局。与北魏第257窟相比，这幅故事画的情节同样完整，只是绘画风格完全不同。北魏时期绘画为西域画风，人物质朴，而此窟中为南朝画风，人物潇洒俊秀。

莫高窟第285窟　主室南壁　沙弥守戒自杀之一　西魏

莫高窟第285窟　主室南壁　沙弥守戒自杀之二　西魏

莫高窟第285窟　主室南壁　沙弥守戒自杀之三　西魏

令人羡慕的维摩诘

维摩诘是古印度毗耶离城的大富豪，是在家修行的居士。他虽然没有剃度出家，可对佛法的理解却超过了释迦牟尼的诸大弟子。维摩诘拥有人间的一切财富，拥有妻妾儿女却又能远离各种世俗的烦恼，还经常出入娱乐场所度化他人，不管走到哪里都能为别人提供帮助。

莫高窟第146窟　主室东壁　维摩诘出入酒肆　五代

他不仅神通广大，经常讲说大乘佛法，还特别喜欢与他人辩论。为了吸引别人与他辩论，维摩诘甚至在家装病。因为维摩诘德高望重，他生病的消息每次一传开，就有国王、王子、大臣、居士等无数人前去探望，维摩诘就抓住这样的机会跟别人讨论人生哲学，劝别人有生之年积极修行。

有一天，维摩诘想找释迦牟尼讨论修行的方法，他又把生病的消息设法透露给释迦牟尼。释迦牟尼一向对维摩诘十分赞赏，就吩咐号称“智慧第一”的弟子舍利弗前去探病。舍利弗一听头就大了，立刻推辞说：“师父可不要派我去！维摩诘居士擅长辩论，上次我在他家树下闲坐，他就给我讲了一番如何坐立得法，说得我哑口无言。看望维摩诘居士这个任务我真的胜任不了！”释迦牟尼想，那还是派“神通第一”的目犍连去吧。没想到目犍连也推辞说：“师父我也不想去！想当年我给一群少年居士讲课，维摩诘居士上来就给我讲了一大通如何因材施教的道理，说完后八百个听课的少年立刻明确了人生目标。我可没他这样的好口才，去了只能听他说。”

莫高窟第9窟　主室北壁

维摩诘为舍利弗说法　晚唐

释迦牟尼又问了“苦行第一”的迦叶、“解空第一”的须菩提、“说法第一”的富楼那、“论议第一”的迦旃延、“天眼第一”的阿那律、“持律第一”的优波离、“密行第一”的罗云，都纷纷表示维摩诘居士在他们最擅长的领域都给过他们指导，他们的学识没办法跟这位大居士对话，所以都无法代表释迦牟尼前去探病。然后问到“多闻第一”的阿

莫高窟第9窟　主室北壁　阿难乞乳　晚唐

难，阿难也表示不敢去。因为有次释迦牟尼生病需要用牛奶，阿难一大早就持钵进城到大户人家去求取。正好被维摩诘碰上，得知阿难入城缘由后，维摩诘责问他说："释迦牟尼是修行圆满的人，根本不会生病。你这话被别人听了，他们会觉得师父自己都治不好自己，怎么有能力帮助他人！"维摩诘对释迦牟尼的身体状况进行了一番分析，阿难听了感到十分惭愧，觉得确实不该随意把师父生病的消息透露出去。这次，他也不好意思再去见维摩诘。这下，释迦牟尼把自己最得意的十大弟子都问了个遍，竟然没一个人愿意担当探望维摩诘居士的大任。

莫高窟第61窟　主室东壁
魔王波旬捉弄持世菩萨　五代

既然十个大弟子都不肯去，那就再问问比弟子们学识更高的菩萨吧。释迦牟尼先问了弥勒菩萨，弥勒菩萨说有次他在天上为天人讲课时，维摩诘居士突然来了，现场针对天人的特点讲了一阵。两百位天人都得到了启发，自己的水平实在赶不上维摩诘居士，难以胜任探病的安排。释迦牟尼又问持世菩萨，持世菩萨说："一天我独自在室中静坐，魔王波旬带着一万两千魔女来干扰我。他们假扮成帝释天和天女，我竟然没有发现。这个冒牌帝释天要将一万两千美女送给我，说是为我充当洒扫的仆人。

这时维摩诘居士出现了，他揭穿了波旬的骗人把戏，带走了一万两千魔女并教导她们一心从善，让她们回到魔界继续宣传善行。维摩诘居士的修为比我高太多了，我的修为不足以代表您去探病。”

释迦牟尼问来问去，菩萨们都觉得自己水平不够，弄不好就被维摩诘居士说得理屈词穷，大家都不愿意代表师父去看望他。最后指派到菩萨中“智慧第一”的文殊时，文殊菩萨先是称赞了维摩诘居士学问高深、擅长辩论、能降魔众、随处说法，觉得去探望维摩诘居士是个讨论学问的好机会，总算同意担当大任。一听文殊菩萨将要前往，众人知道辩论一定会非常精彩，于是纷纷跟随来到毗耶离城。

维摩诘知道文殊菩萨要来，立刻把自己房间的所有东西变没，只留下一张床，倚坐在上面装病。文殊菩萨带领大家来到维摩诘居士家，一进门看到维摩诘居士的状态，就从生病这个问题入手，与维摩诘居士展开了人生哲学的讨论。敦煌壁画中，往往把维摩诘画成手执麈尾凭几而坐的形象。麈尾是古代辩论时的道具，很像诸葛亮手里的羽扇，辩论时只有拿到麈尾才能发言。维摩诘居士肘靠几上，紧紧握住麈尾，表情咄咄逼人，辩论时情绪激动，哪里像个病人，可见是在装病。与之形成鲜明对比的是文殊菩萨，表情平静安详，似在聆听维摩诘居士的慷慨陈词。两人说得专心，听众们也听得投入，不时就有一批听众获得启发。

因为室中没有座位，来者都只能站着，舍利弗最先感到脚酸，心里念叨：这大居士家里连个板凳都没有。维摩诘居士一眼就看透了舍利弗的心思，问道：“你是来找座位的还是来学习的？”舍利弗低着头回答：“来学习的。”维摩诘居士问文殊菩萨：“您周游各国，可知道哪

莫高窟第220窟　主室东壁　文殊菩萨　初唐

莫高窟第332窟　主室北壁　空中飞来狮子座　初唐

个国家的坐具最好？”文殊答道：“遥远东方有个叫须弥幡的国家，那里的国王名叫须弥灯，他有八百四十万特大号的狮子座，是全世界最好的坐具。”这时维摩诘居士向天空招了招手，须弥灯王立刻送来了三万二千狮子座飞入维摩诘居士的房中。维摩诘居士招呼大家尽快入座，这时众人才发现维摩诘居士的房间看起来不大，但容纳这些坐具却绰绰有余。那些得了神通的菩萨将自己的身形变大，稳稳地坐到了这些超大号的坐具上，而其他菩萨弟子们法力不够根本坐不上这种宝座。

维摩诘请舍利弗落座，舍利弗沮丧地说：“大居士，这个座位太高了，我上不去。”维摩诘说：“你先遥拜东方，向须弥灯王致谢，就能上去了。”站着的其他人按照维摩诘所说，向东方行礼后也都坐上了宝座。舍利弗感慨道：“真是太不可思议了！大居士，我看你这里不过是方丈小室，竟然能装下这么多高广的坐具，而且这么多人聚集在这里还这么宽敞。”维摩诘说：“认真学习和修行之后，就会体会到什么是不可思议。你看一粒种子中可以藏着高大的须弥山，四大海水能流进一个毛孔，我的一间小室也能容进你们这么多人。”接着，文殊菩萨又就如何观察他人、如何帮助他人等问题与维摩诘居士展开了辩论。

因为这场辩论实在太精彩了，这时维摩室中的天女忍不住现身，并在会上抛撒天花。一时间天花乱坠，飘来飘去的花瓣如果碰到菩萨就自然下落，如果碰到弟子就粘到袈裟上。众弟子想用神通去掉花瓣，花瓣却稳稳地贴着，弄得弟子们十分尴尬。舍利弗抖动袈裟，想把花抖下去。这时天女注意到舍利弗的行为，问他在做什么。舍利弗说花不入法，所以不能让它粘在袈裟上。天女立刻反驳道：哪里是花不入法，明明是人不入法。舍利弗问天女在维摩室中已经多久了，天女就时间与修行的关系为舍利弗上了一

莫高窟第334窟　主室西壁　天女　初唐

课。传统佛教认为，女身要先变成男身才有可能成佛。舍利弗就问天女为何没转成男身？不想天女施展神通将自己与舍利弗的身体对调，以此来说明真正的修行者并不会受到外形的影响。维摩诘居士告诉舍利弗，这位天女已经跟随过92亿位老师学习过，自然对修行有更深更透彻的理解。这暗示了维摩诘居士身边天女的水平，都超过了释迦牟尼最聪明的弟子舍利弗。

辩论的时间长了，舍利弗感到腹中饥饿，他心想马上吃饭的时间就要过了，这么多人怎么吃饭呢？维摩诘居士又一次看透他的心思。维摩诘居士施展神通，室中的众人眼前浮现出众香世界的景象，那里的佛陀香积和菩萨们正在吃饭，所有人都闻到了从那里飘出的香气。维摩诘随即化出一菩萨，派他到香积佛处化缘。化菩萨将维摩诘居士的嘱托带给香积佛，香积佛不仅赠予香饭，还让众香世界的菩萨天人们一起到维摩诘居士家里学习。他们到来时，室中菩萨们已经端正坐好，化菩萨捧回一钵香饭入室，整个世界都弥漫着香气。见化菩萨只带来一钵饭，在场的弟子们心下疑惑，心想这一钵饭够谁吃呀。这时，

莫高窟第61窟　主室东壁　化菩萨倒香饭　五代

莫高窟第103窟　东壁窟门南侧
维摩诘居士掌擎大众　盛唐

只见化菩萨倾倒饭钵，一时间香饭源源不断从钵中流出，转眼间堆成一座小山。这些饭还有一个特殊的功能，那就是闻香自饱，根本不用吃，只要闻一闻味道就觉得饱了。

来自众香世界的菩萨天人们见到维摩诘居士房中的情景，对这个他们第一次看见的世界充满了好奇。维摩诘居士告诉他们现在世界的佛陀是释迦牟尼，这时释迦牟尼正在菴罗树园说法，园中忽然放出金光。阿难问释迦牟尼这是怎么回事，老师答说是维摩诘居士要来了。果然，维摩诘居士用他的右手托起了房中所有的人，并告诉大家他要带大家去拜访释迦牟尼。来到菴罗树园之后，大家纷纷向释迦牟尼行礼。这次维摩诘居士不再多话，而是请释迦牟尼为众香世界的菩萨天人们说法。众香世界来的听众听完释迦牟尼的讲座之后，个个都身心愉悦，他们把世上一切美丽的鲜花搜集起来，放到释迦牟尼面前表示感谢。倏忽之间，时空大转移，他们重新返回众香世界，回到香积佛的身边。

既然维摩诘居士已经来到释迦牟尼的面前，老师就引导舍利弗与

莫高窟第9窟　主室北壁　妙喜世界　晚唐

维摩诘居士讨论从哪里来到哪里去的问题。这也同时解答了大家心中的一个疑问，那就是为什么维摩诘居士理论水平这么高，还有这么多厉害的神通？原来他本是妙喜世界的一位菩萨。妙喜世界也是一座佛国，那里的佛陀叫阿閦佛。辩论会上的听众们十分好奇，想要看看妙喜世界的佛和菩萨们长什么样。于是维摩诘伸出右手，一缕云气飘飞而出，上面化现出妙喜佛国的样子。原来这个世界也有一座耸立于海中的须弥山，山腰有二龙缠绕，山前有手托日月的阿修罗。山顶就是维摩诘的出生地——妙喜世界，妙喜世界左侧画天梯，即"三道宝阶"，连接释迦牟尼所在的阎浮提世界，两个世界的人来来往往、上上下下，好不热闹。

敦煌莫高窟现存维摩诘壁画共67例，隋代绘制的见于第425、433、277、262、417、314、380、419、420、423、276窟，初唐绘制的见于第206、203、322、242、332、334、335、341、342、68、220窟，盛唐绘制的见于第103、194窟，中唐绘制的见于第133、359、159、360、236、237、240、186、231、369窟，晚唐绘制的见于第18、132、12、85、138、139、143、156、9、150窟，五代绘制的见于第98、100、108、5、6、22、61、53、146、121、342、334、335、261、44窟，北宋绘制的见于第454、7、25、172、203、264、437、202窟。早期多以维摩诘居士与文殊菩萨对座的画面表现，到初唐时期出现表现整个佛经内容的大型经变画，其中第220、103、335窟的唐代作品为这一题材的代表作。唐代文人非常推崇维摩诘，因为他们都希望能像维摩诘居士一样，不用出家当僧人，可以随意出入娱乐场所，只靠在家修行就可以法力无边、辩才无碍。唐代著名的大诗人王维，他的字就是摩诘，取的就是维摩诘之意，可见维摩诘居士在唐代备受偏爱。

莫高窟第335窟　主室北壁　维摩诘经变　初唐

参考文献

[1] 季羡林主编《敦煌学大辞典》，上海：上海辞书出版社，1998年。

[2] 敦煌研究院编《敦煌石窟内容总录》，北京：文物出版社，1996年。

[3] 李永宁主编《敦煌石窟全集·本生因缘故事画卷》，上海：上海人民出版社，2001年。

[4] 樊锦诗主编《敦煌石窟全集·佛传故事画卷》，香港：香港商务印书馆，2004年。

[5] 王慧慧编著《汉译佛经中的本生故事》，兰州：甘肃教育出版社，2017年。